Thomas Martin

Auf Sand gebaut?

Thomas Martin

Auf Sand gebaut?

Bibelzitate im Alltag

mit Fotos von Erwin Neu

schlütersche

Bibliografische Information Der Deutschen Bibliothek
Die Deutsche Bibliothek verzeichnet diese Publikation in der Deutschen Nationalbibliografie; detaillierte bibliografische Daten sind im Internet über http://dnb.ddb.de abrufbar.

ISBN 3-89993-700-7

Verlag:	Schlütersche Verlagsgesellschaft mbH & Co. KG, Hans-Böckler-Allee 7, 30173 Hannover
Herausgeber:	Norddeutscher Rundfunk Landesfunkhaus Niedersachsen
Lizenziert durch:	NDR MEDIA GMBH
Text:	Thomas Martin
Fotos:	Erwin Neu
Koordination:	Karin Rau, NDR MEDIA GMBH Irmela Drieling, NDR Landesfunkhaus Niedersachsen Eckhart Pohl, Hörfunkchef NDR 1 Niedersachsen Harriet Assel, Schlütersche Verlagsgesellschaft mbH & Co. KG Claudia Flöer, Schlütersche Verlagsgesellschaft mbH & Co. KG
Umschlag-gestaltung:	Kerker + Baum, Büro für Gestaltung, Hannover
Gestaltung:	Schlütersche Verlagsgesellschaft mbH & Co. KG
Satz:	PER Medien + Marketing GmbH, Braunschweig
Druck:	Schlütersche DRUCK GmbH & Co. KG, Langenhagen
Bindung:	Rödiger Buchbinderei GmbH, 30851 Langenhagen

Inhalt

Vorwort

Zugegeben, das Radio ist kein Medium für die Ewigkeit. Was wir senden, mag interessant sein, klug oder bewegend – doch sind die Worte, gerade gehört, schnell verhallt. Das Radio ist ein flüchtiges Medium, sehr zum Leidwesen mancher, die dort arbeiten.

Auch das rasch Gesendete muss handwerklich stimmen, es muss prägnant und präzise formuliert sein, denn das Publikum kann weder innehalten noch nachlesen. Das gilt auch für die 2,7 Millionen Menschen, die täglich NDR 1 Niedersachsen einschalten. Damit sich die Hörer von Deutschlands beliebtestem Radioprogramm gut informiert und unterhalten fühlen, bemühen wir uns um einfache Sätze, griffige Wendungen und anschauliche Sprachbilder, kurzum: um gutes Radio-Deutsch. Da kann das flüchtige Medium bei einem ganz unflüchtigen viel lernen: Mit Martin Luthers Bibelübersetzung hat unsere Sprache viel gewonnen: Redewendungen, die fast jeder kennt.

Ihre Herkunft hat Thomas Martin in der Sendereihe »Am Anfang war das Wort« einprägsam und anschaulich erklärt, nur eben auch allzu flüchtig: Viele Hörer verlangten nach Mitschnitten. Eine gute Nachricht, dass es die erfolgreiche Serie nun als Buch gibt, zum Herumschmökern, Entdecken und Nachlesen. Viel Vergnügen dabei!

Eckhart Pohl
Hörfunkchef
NDR 1 Niedersachsen

Vorwort

Die Menschen hierzulande sind bibelfester als sie glauben. Pausenlos benutzen sie in ihrer Umgangssprache Zitate und Worte aus der Bibel – oft, ohne es zu wissen.

Ob sie nun ihre »Hände in Unschuld waschen« oder ihre »Zunge im Zaum halten«, ob sie beim Blick ins Kinderzimmer »das große Tohuwabohu« entdecken oder im Berufsleben einen jungen Menschen »unter ihre Fittiche nehmen«, jedesmal stammen diese Redewendungen aus der Bibel und selbst derjenige, der mit der Bibel nichts zu tun haben will und Religion und Glauben für reinen »Hokuspokus« hält, hat es schon mit der lateinischen Liturgie der katholischen Kirche zu tun. Dort heißt es »Das ist mein Leib« – auf lateinisch: »Hoc est corpus meum«. In der Umgangssprache ist daraus der allseits bekannte »Hokuspokus« geworden.

Dieses Buch enthält 52 Geschichten zu und über Bibelzitate im Alltag. Sie zeigen, wie allgegenwärtig und aussagekräftig das »Buch der Bücher« auch heute ist, obwohl seine Geschichten, Gleichnisse und Lebenshilfen viele tausend Jahre alt sind. Die vielen Bibelzitate in unserer Umgangssprache sind bereits ein sicheres Indiz dafür, dass die Bibel keineswegs an Aktualität eingebüßt hat. Das will auch dieses Buch zeigen, bei dessen Lektüre ich Ihnen viel Spaß wünsche!

Herzlichst

Thomas Martin

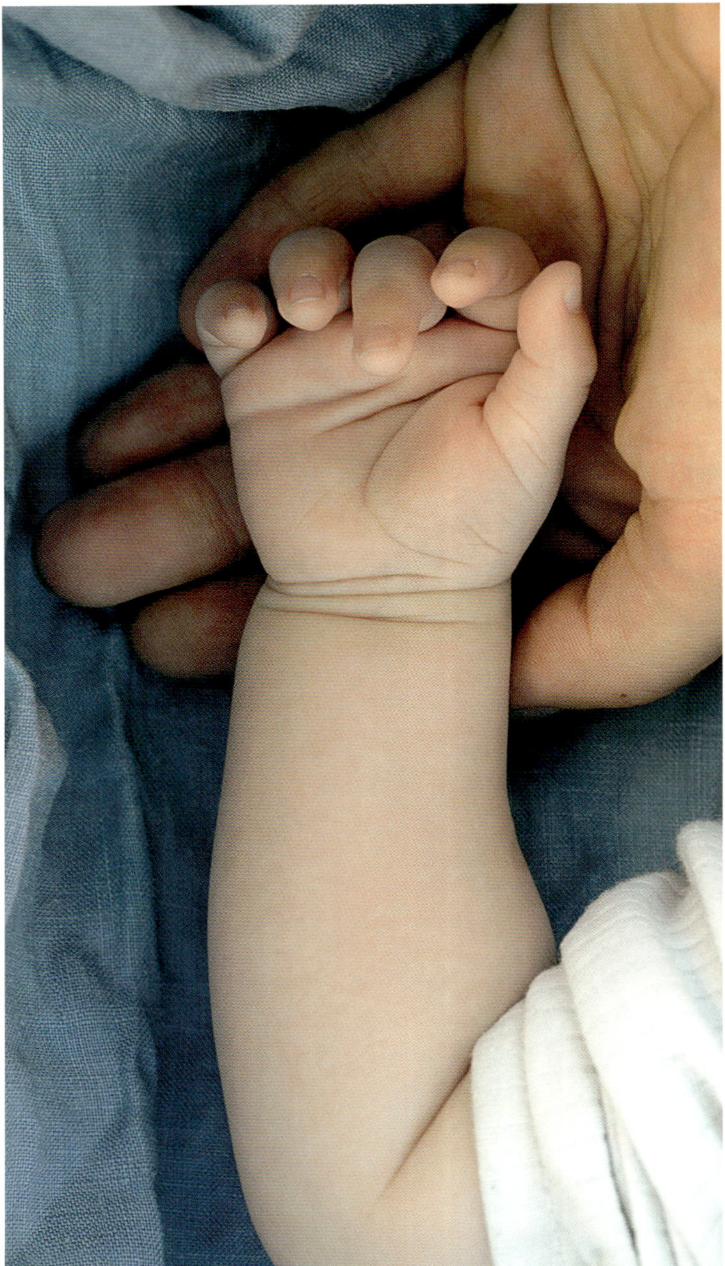

Wie die Jungfrau zum Kinde

Stummel und Nucki-Pucki sind zwei kräftige Kaninchen. Beide haben eine schwarz-weiße Fellfarbe, das eine ist sehr, das andere weniger zahm. Beide Kaninchen gehören Tante Ute. Eigentlich, denn Tante Ute wohnt in einer Etagenwohnung mit einem Balkon, aber ohne Garten. Und Tante Ute ist den ganzen Tag lang nicht zu Hause, weil sie arbeitet. In dieser Zeit waren Stummel und Nucki-Pucki alleine in ihrem Käfig oder sie liefen frei herum und knabberten sämtliche Stromkabel an, die sie finden konnten.

Ach, wie schön könnten es beide haben, wenn sie bei Oma und Opa im Garten laufen und tunlichst auch gleich leben könnten, dachte sich Tante Ute und drehte flugs ihren Eltern ihre Kaninchen an. Nun kümmert sich Opa um Heu und Stroh, um Löwenzahn und Mohrrüben, mistet den Stall aus, und Tante Ute kommt nur noch zu Besuch. Gut für Tante Ute, gut für Stummel und Nucki-Pucki. Oma und Opa aber, die eigentlich keine Tiere mehr haben wollten, um ungebunden zu sein, sind zu den Kaninchen gekommen wie die Jungfrau zum Kinde, wie sie gerne zu sagen pflegen.

Wenn jemand etwas tut oder etwas besitzt, was völlig ungeplant war, wird schnell die Redensart »*Wie die Jungfrau zum Kinde*« gebraucht. Sie betont, dass etwas ohne das eigene Zutun geschehen ist. Entwickelt hat sich die Redewendung aus der Bibel, in der die Geschichte von Maria erzählt wird, die Jungfrau war, als sie schwanger wurde mit Jesus.

Bei Lukas, Kapitel 1, steht geschrieben, dass ihr ein Engel erschien und die Empfängnis ankündigte:

»Und der Engel sprach zu ihr: Fürchte dich nicht Maria, du hast Gnade bei Gott gefunden. Siehe, du wirst schwanger werden und einen Sohn gebären, des Namen sollst du Jesus heißen. Der wird groß sein und ein Sohn des Höchsten genannt werden; und Gott der Herr wird ihm den Thron seines Vaters David geben, und er wird ein König sein über das Haus Jakob ewiglich, und seines Reichs wird kein Ende sein. Da sprach Maria zu dem Engel: Wie soll das zugehen, da ich doch von keinem Manne weiß? Der Engel antwortete und sprach zu ihr: Der heilige Geist wird über dich kommen, und die Kraft des Höchsten wird dich überschatten; darum wird auch das Heilige, das von dir geboren wird, Gottes Sohn genannt werden.« (Lk 1,34)

Maria gebar Jesus und wurde glücklich und die daraus entstandene Redensart hat noch heute eine positive Bedeutung. Denn sicher werden viele das nicht missen wollen, wozu sie gekommen sind, wie die Jungfrau zum Kinde. Auch Oma freut sich, wenn sie beim Teetrinken im Garten Stummel und Nucki-Pucki beobachten kann, und Opa sticht begeistert Löwenzahn aus, seit er unerwartet Kaninchenvater geworden ist. Es ist also doch ganz schön, wenn einem gelegentlich etwas widerfährt, das man niemals geplant hatte.

Der Geist ist willig, aber das Fleisch ist schwach

Die Hose kneift, das T-Shirt spannt, das verheißt nichts Gutes. Und richtig. Die Waage, um objektive Kontrolle bemüht, bestätigt den Verdacht. Da haben sich doch wieder einige Kilogramm dorthin gesetzt, wo sie nichts zu suchen haben. Nun denn, die werden irgendwie schon wieder weg zu kriegen sein. Statt schöner Bratensoße gibt's nur noch trockene Kartoffeln, viel Gemüse, viel Salat und noch mehr Wasser. Alles ganz lecker, aber, nun ja, am Nachmittag bei Tante Marthas Geburtstag lockt die Tiramisu-Torte, an einem warmen Sommertag reizt das Alster-Wasser. Alles scheint sich verschworen zu haben, die eigenen guten Vorsätze zu torpedieren. Schnell gibt man da der Verführung nach und seufzt *»Der Geist ist willig, doch das Fleisch ist schwach«*.

Das ganze Leben steckt voller Beispiele, in denen sich der willige Geist nicht gegen das schwache Fleisch durchgesetzt hat, und nicht immer sind die Anfechtungen so harmlos wie bei zahllosen Diät-Versuchen. Seit es Menschen gibt, gibt es auch menschliche Schwächen und menschliches Versagen. Davon erzählt auch die Bibel, aus der diese Redewendung stammt. In der Nacht vor seiner Gefangennahme geht Jesus mit seinen Jüngern in den Garten Gethsemane und bittet sie, mit ihm zu wachen. Er entfernt sich, um zu beten. Als er zurückkommt, sind sie eingeschlafen.

Wörtlich heißt es dann bei Matthäus, Kapitel 26:

»Und er kam zu seinen Jüngern und fand sie schlafend und sprach zu Petrus: Könnet ihr denn nicht eine Stunde mit mir wachen? Wachet und betet, daß ihr nicht in Anfechtung fallet! Der Geist ist willig; aber das Fleisch ist schwach.« (Mt 26,41b)

Und so ist es bis heute geblieben. Nicht jeder, der Moral predigt und im Geiste wirklich davon überzeugt ist, handelt auch danach. Und oft sind gerade die, die öffentlich am lautesten gegen eine Sache wettern, diejenigen, die sie heimlich selber tun. Rauchen, essen und trinken sind da noch die harmlosesten Beispiele.

Wer's glaubt, wird selig

Bald soll es soweit sein. Vor 25 Jahren haben sich Rudolf und Anja das Jawort gegeben, jetzt soll die Silberne Hochzeit gefeiert werden – mit Verwandten, Nachbarn, Freunden und Bekannten – alle sind eingeladen. Doch genau hier fängt für das Jubelpaar das Problem an, denn zur Verwandtschaft gehört auch Onkel Erik. Den hätte man eigentlich lieber nicht dabei, denn wenn er erstmal zur Höchstform aufläuft, dann gibt es kein Halten mehr. Da wird gedröhnt und getönt, dass der ganze Saal es hören kann. Das betretene Schweigen der anderen scheint Onkel Erik kaum wahrzunehmen. Eine Geschichte jagt die nächste, immer verwegener werden die Angebereien des nervenden Onkels. Viele Gäste drehen die Augen nach oben.

»Wer's glaubt, wird selig«, wird in solchen Situationen getuschelt, und das ist natürlich ironisch gemeint, denn kaum einer schenkt den abenteuerlichen Erzählungen des Onkel Erik tatsächlich Glauben. *»Wer's nicht glaubt, kommt auch in dem Himmel«* geht der Spruch im Volksmund weiter, und da steckt schon eine Ahnung davon drin, dass diese Redewendung ursprünglich eine ganz andere nicht ironische, sondern ernst gemeinte Bedeutung hatte. Dem Onkel Erik muss man seine Erzählungen nicht abnehmen, in der Bibel aber fordert Jesus alle Menschen auf, an ihn und seine Auferstehung zu glauben: Nach der Kreuzigung ist Jesus Maria Magdalena und zweien seiner Jünger erschienen. Alle drei verkündeten, dass sie ihn gesehen hatten. Aber es wurde ihnen nicht geglaubt, dass Jesus lebt und auferstanden war.

Beim Evangelisten Markus heißt es in der Luther-Übersetzung:

»Zuletzt, da die Elf zu Tische saßen, offenbarte er (gemeint ist Jesus, d. Verf.) *sich und schalt ihren Unglauben und ihres Herzens Härtigkeit, daß sie nicht geglaubt hatten denen, die ihn gesehen hatten auferstanden. Und er sprach zu ihnen: Gehet hin in alle Welt und prediget das Evangelium aller Kreatur. Wer da glaubet und getauft wird, der wird selig werden; wer aber nicht glaubet, der wird verdammt werden«.*

Alle Onkel Eriks dieser Welt wird unsere Erläuterung allerdings nicht sehr erhellen, denn auf die Idee, dass man ihnen ihre Geschichten nicht glaubt, kommen sie schlicht überhaupt nicht. Und wahrscheinlich würden sie es nicht mal verstehen, wenn kleine Kinder begeistert riefen *»Hör mal Mama, der spinnt wie Käpt'n Blaubär«.*

Das A und O

Da hat ein Mensch einen ellenlangen Vortrag gehalten und den Zuhörern brummt bereits der Schädel, als der Redner zum Schluss die Stimme erhebt und alles noch einmal in Kürze zusammenfasst und mit dem Satz endet: *»So, meine Damen und Herren: Das ist das A und O!«* Das also ist die Quintessenz, das Wichtigste der stundenlangen Rede. Das kann man getrost mit nach Hause nehmen. Warum eigentlich das A und O? Es wurde doch alles noch einmal von A bis Z zusammengefasst und nicht nur von A bis O. Doch das ist im Grunde dasselbe. Das griechische Alphabet beginnt mit dem A, dem Alpha – weiter geht es mit Beta, Gamma, Delta usw. und es endet mit dem Buchstaben O, dem griechischen Buchstaben Omega.

Die griechische Sprache war vor 2000 Jahren im gesamten Mittelmeerraum die erste Fremdsprache. Auf Griechisch verständigten sich Seefahrer, Händler und Gelehrte und auch die Schriften der ersten Christengemeinden waren damals in griechischer Sprache geschrieben. Griechisch hatte vor 2000 Jahren im mediterranen Kulturraum etwa die Funktion, die heute bei uns die englische Sprache hat. So kommt es, dass das A und O, das Alpha und das Omega, auch in der Bibel zu finden ist. Auf der letzten Seite des Neuen Testaments in der Offenbarung des Johannes, Kapitel 22, spricht Jesus:

»Versiegle nicht die Worte der Weissagung in diesem Buch; denn die Zeit ist nahe! Wer böse ist, der sei fernerhin böse und wer unrein ist, der sei fernerhin unrein; aber wer fromm ist, der sei fernerhin fromm, und wer heilig ist, der sei fernerhin heilig. Siehe, ich komme bald und mein Lohn mit mir, zu geben einem jeglichen, wie seine Werke sind. Ich bin das A und O, der Erste und der Letzte, der Anfang und das Ende.« (Offb 22,13)

Auf keinen grünen Zweig kommen

Stefan sieht sich gern als Lebenskünstler. Er hat Abitur und sogar einen akademischen Abschluss, dem Joch einer geregelten Arbeit jedoch will er sich nicht unterwerfen. Regelmäßig morgens früh aufstehen und dann malochen? Nichts für ihn, er hält sich lieber mit allerlei Gelegenheitsjobs über Wasser – manchmal besser, manchmal schlechter. Das Geld, das er gerade hat, gibt er aus, und manchmal auch das, das er nicht hat: Dann weist sein Girokonto ein dickes Minus auf. Seine Mitmenschen sind geteilter Meinung über seinen Lebensstil. Für die einen ist er ein Vorbild, einer, der scheinbar all das machen kann, was er will, der sich niemandem täglich unterwerfen muss, der sein eigener Herr ist. Einer, der sich seine Zeit selbst einteilen kann, wie er will. Für die anderen ist er ein Hungerleider, ein Taugenichts, einer, der von der Hand in den Mund lebt. *»Der kommt ja nie auf einen grünen Zweig«,* sagen sie und meinen damit, dass er es nie schaffen wird, seinen Lebensunterhalt soweit zu sichern, dass er zumindest ohne materielle Sorgen leben kann.

Der Spruch *»auf keinen grünen Zweig kommen«* stammt aus der Bibel, aus dem Buch Hiob im Alten Testament. Dort betrifft er allerdings gottlose Menschen, über die es heißt:

»Angst und Not schrecken ihn nieder wie ein König mit einem Heer. Denn er hat seine Hand wider Gott gestreckt und wider den Allmächtigen sich gesträubt. Er läuft mit dem Kopf an ihn und ficht halsstarrig wider ihn. Er brüstet sich wie ein fetter Wanst und macht sich feist und dick. Er wohnt in verstörten Städten, in Häusern, da man nicht bleiben darf, die auf einem Haufen liegen sollen. Er wird nicht reich bleiben und sein Gut wird nicht bestehen, und sein Glück wird sich nicht ausbreiten im Lande. Unfall wird nicht von ihm lassen. Die Flamme wird seine Zweige verdorren, und er wird ihn durch den Odem seines Mundes wegnehmen. Er wird nicht bestehen, denn er ist in seinem eiteln Dünkel betrogen; und eitel wird sein Lohn werden. Er wird ein Ende nehmen vor der Zeit; und sein Zweig wird nicht grünen.« (Hiob, 15,32)

Anders als in der Bibel ist mit der Verneinung des grünen Zweiges heute nicht mehr die Gottlosigkeit gemeint, sondern ein Zustand der materiellen Absicherung und der damit verbundenen gesellschaftlichen Anerkennung. Und damit ist es so eine Sache: Denn die, die sich da gut situiert gerne über andere Menschen erheben, vergessen dabei, dass es viele Leute gibt wie Stefan, die ihr Leben nach ihren eigenen Vorstellungen leben und die ihn eigentlich gar nicht wollen, den ihnen immer wieder anempfohlenen *»grünen Zweig«*. Die vielleicht sogar lieber auf einem kahlen Zweig sitzen und dort ihre Beine und Seele baumeln lassen.

Seine Hände in Unschuld waschen

Noch vor wenigen Jahren hätte niemand etwas mit dem Begriff *»Mobbing«* anzufangen gewusst. Jemanden bewusst fertig zu machen mit Worten oder mit Taten, jemanden aus seinem Job zu ekeln, das fasste man damals noch unter dem vornehmeren Begriff ›üble Nachrede‹. Doch ob nun üble Nachrede oder neudeutsch Mobbing – damit in Verbindung gebracht werden, will nach außen hin natürlich niemand. Des Mobbens oder der üblen Nachrede bezichtigt, kommt prompt die Antwort *»Damit habe ich nichts zu tun.«* Manchen Zeitgenossen ist eine solche Beteuerung allerdings zu wenig, sie legen verbal nach und versichern theatralisch *»Ich wasche meine Hände in Unschuld«* – meist ohne zu ahnen, dass sie sich damit nur noch verdächtiger machen.

»Seine Hände in Unschuld waschen« ist eine der bekanntesten Redewendungen aus der Bibel und im Gegensatz zu vielen anderen Sprüchen kennen viele Menschen den biblischen Ursprung. Obwohl die Redewendung gleich an mehreren Stellen der Bibel vorkommt, bringen sie viele vor allem mit der Kreuzigung Jesu in Verbindung. Die Geschichte von Jesus' Verhaftung, seine Verurteilung zum Tode, die Kreuzigung und Auferstehung gehören zu den Grundlagen christlichen Glaubens und werden schon in der Schule gelehrt.

Wer den Spruch *»Seine Hände in Unschuld waschen«* hört, der denkt unwillkürlich an Pontius Pilatus, der römischen Statthalter in Jerusalem, der Jesus zum Tode durch Kreuzigung verurteilt hat, dafür jedoch das Volk verantwortlich machte, das lieber den Verbrecher Barabbas als Jesus freigelassen sehen wollte. Im Matthäus-Evangelium, Kapitel 27, heißt es über Pontius Pilatus:

»Da hob der Landpfleger an und sprach zu ihnen: Welchen wollt ihr unter diesen zweien, den ich euch soll losgeben? Sie sprachen: Barabbas! Pilatus sprach zu ihnen: Was soll ich denn machen mit Jesus, von dem gesagt wird, er sei der Christus? Sie sprachen alle: Laß ihn kreuzigen! Der Landpfleger Pilatus sagte: Was hat er denn Übles getan? Sie schrieen aber noch mehr und sprachen: Laß ihn kreuzigen! Da aber Pilatus sah, daß er nichts ausrichtete, sondern vielmehr ein Getümmel entstand, nahm er Wasser und wusch die Hände vor dem Volk und sprach: Ich bin unschuldig an seinem Blut, sehet ihr zu.« (Mt 27,24)

Jesus wurde gekreuzigt, wie das Volk es gewollt hatte. Pontius Pilatus, der die Befehlsgewalt hatte und auch gegen den Willen des Volkes die Kreuzigung hätte verhindern können, tat das nicht, wollte aber gleichzeitig nicht für seinen Befehl verantwortlich sein. Er versuchte, sich reinzuwaschen, blieb dabei aber unglaubwürdig und schuldig. Und so hat der Spruch *»Seine Hände in Unschuld waschen«* noch heute einen negativen Beigeschmack. Jemand, der sich so theatralisch auf eine wirkliche Tragödie berufen muss, um seine Unschuld zu beteuern, der macht sich immer noch arg verdächtig – ob beim Mobben oder bei anderen Dingen, mit denen er nichts zu tun haben will.

Die fetten Jahre sind vorbei

Es ist ein Spruch, der wohl in den vergangenen Monaten vielen in den Sinn gekommen sein mag. Als der Euro als neue Währung eingeführt wurde, da veränderte sich auch der Einkaufsalltag. Ein Salatkopf kostete plötzlich 2,99 Euro, also knapp sechs Mark alter Währung! Die Pizza, die früher für 12 Mark zu haben war, kostete plötzlich 9 Euro und mehr. War ein wöchentlicher Großeinkauf für eine vierköpfige Familie früher für 200 Mark zu haben, mussten nunmehr 150 Euro hingeblättert werden. Die Liste ließe sich beliebig verlängern, jeder kennt genügend eigene Beispiele. Die Debatte um den Euro, der zum Teuro wurde, bewegt seither die Gemüter. Vieles wurde nur scheinbar teurer, vieles aber tatsächlich: Die meisten hatten am Monatsende weniger im Portemonnaie als zu D-Mark-Zeiten. Nach der Bundestagswahl wurde die Stimmung noch gedrückter, die Regierung kündigte harte Sparmaßnahmen an, wieder geht es dem Volk an den Geldbeutel. Kabarettist Elmar Brandt traf mit seinem Kanzler-Steuer-Song den Nerv – viele beschlich das Gefühl *»Die fetten Jahre sind vorbei«*.

Auch dieser Spruch stammt aus der Bibel, aus dem 1. Buch Mose, Kapitel 41. Dort berichtet der ägyptische Pharao dem Israeliten Josef von einem seltsamen Traum:

»Mir träumte, ich stand am Ufer bei dem Wasser, und sah aus dem Wasser steigen sieben schöne, fette Kühe, die gingen auf der Weide im Grase. Und nach ihnen sah ich andere sieben, dürre, sehr häßliche und magere Kühe heraussteigen. Ich habe in ganz Ägyptenland nicht so häßliche gesehen. Und die sieben mageren und häßlichen Kühe fraßen auf die sieben ersten fetten Kühe. Und da sie die hineingefressen hatten, merkte man's nicht an ihnen, daß sie die gefressen hatten, und waren häßlich gleich wie vorhin. Da wachte ich auf.« (1.Mose 41)

Josef deutet dem Pharao den Traum so, dass erst sieben reiche Jahre ins Land gehen werden, die abgelöst werden von sieben Hungerjahren. Er rät dem Pharao, in den fetten Jahren für die mageren Jahre zu sparen, damit das Land nicht verhungert. Genauso verfährt der Pharao. Auf unsere Zeit übertragen, in der die fetten Jahre offensichtlich vorbei sind, kommt dieser Ratschlag allerdings heute zu spät. Denn wer am Monatsende auf seinen Lohnzettel geschaut hat, hat mit Sicherheit gemerkt, dass es mit dem Sparen für schlechtere Zeiten nun nichts mehr wird: Wir sind leider bereits mittendrin in den mageren Jahren. Es kann sich also durchaus lohnen, immer mal wieder – und zwar rechtzeitig – ein bisschen in der Bibel zu lesen.

Sodom und Gomorra

Wer die »Lindenstraße« kennt, der kennt auch Else Kling. Und wer Else Kling kennt, der kennt auch ihre zwar unmaßgebliche, aber dafür um so lieber und um so lauter herausposaunte Meinung zu den Dingen des täglichen Lebens. Und so wird im Treppenhaus der Lindenstraße, wo Mutter Beimer gemeinsam mit Zuckerbäckerin Gabi Zenker, dem ihr angetrauten Querkopf Andy Zenker und eben Else Kling unter einem Dach lebt, immer wieder gern getratscht. Am vortrefflichsten lässt es sich da selbstredend über die Nachbarn herziehen. Differenzierte Betrachtungsweisen würden dabei nur schaden, für die Kling ist alles, was ihr nicht passt, schlicht *»Sodom und Gomorra«*, wobei der Hausdrachen eigentlich nicht Gomorra, sondern bayrisch in die Breite ziehend »Gomära« vor sich hin zischt.

Als treue Kirchgängerin wird Else Kling wissen, woher diese Bezeichnung für die liederliche Lebensweise ihrer Nachbarn stammt, nämlich aus der Bibel, wie so viele Sprüche in unserem Alltag. Sodom und Gomorra waren laut Altem Testament Städte in der Nähe des toten Meeres, in denen die Menschen ein lasterhaftes Leben führten. Deshalb hatte Gott beschlossen, diese Städte zu vernichten.

Nur eine Familie ließ er durch zwei Engel aus Sodom retten. Es waren Lot, seine Frau und ihre beiden Töchter, die er in die Stadt Zoar führen ließ. Mit der strengen Auflage, sich auf dem Weg dorthin nicht umzudrehen. Richtig spannend wird es im Alten Testament der Einheitsübersetzung der Bibel im Buch Genesis, Kapitel 19, wo geschrieben steht:

»Als die Sonne über dem Land aufgegangen und Lot in Zoar angekommen war, ließ der Herr auf Sodom und Gomorra Schwefel und Feuer regnen, vom Herrn, vom Himmel herab. Er vernichtete von Grund auf jene Städte und die ganze Gegend, auch alle Einwohner der Städte und alles, was auf den Feldern wuchs. Als Lots Frau zurückblickte, wurde sie zu einer Salzsäule.« (Mose 18,20/Gen 19, 23-26)

Womit wir gleich die nächste biblische Redewendung in unserer Umgangssprache am Wickel hätten: *»Jemand erstarrt vor Schreck zu einer Salzsäule«*. Wenn die neugierige Else Kling wüsste, dass dieses Schicksal Menschen droht, die überall *»Sodom und Gomorra«* entdecken und sich auch noch ständig danach umdrehen; vielleicht …ja, vielleicht ließe sie dann das ständige Tratschen über andere Leute. Doch dann wäre »die Lindenstraße« nur noch halb so schön.

Vom Saulus zum Paulus werden
Wie Schuppen von den Augen fallen

Wieder einmal ist auf der Welt ein Krieg beendet. Ein Krieg, der vielleicht auch wieder einmal von beiden Seiten, als »heiliger« Krieg oder »Kreuzzug« bezeichnet und in Gottes Namen geführt wurde, und der so gar nichts mit Gottes Willen zu tun hatte. Viele, vielleicht die meisten Soldaten, sind gerne und freiwillig in den Krieg gezogen, sie wähnten sich in einem gerechten Kampf um eine gute Sache.

Wie nach jedem Krieg wird es auch diesmal viele geben, die ihre Meinung geändert haben, die unfassbar viel Leid gesehen haben, tote und sterbende Menschen, zerstörte Städte. Als glühende Patrioten sind sie in den Kampf gezogen, und nun – unter dem Eindruck der schrecklichen Erlebnisse – lehnen sie den Krieg ab. Umgangssprachlich wird eine solche Sinneswandlung häufig mit einem Zitat aus der Bibel beschrieben: *»Vom Saulus zum Paulus werden«.*

Auch der Jude Saul aus Tarsus, der als römischer Staatsbürger auch »Saulus« genannt wurde, führte einen Kampf gegen die Anhänger von Jesus. Er galt sogar als deren schärfster Verfolger. In der Apostelgeschichte, Kapitel 9, wird erzählt, dass Gott die Ausrottung der kleinen Christengemeinde verhinderte, indem er Saulus von der Falschheit seines Handelns überzeugte:

»Saulus wütete immer noch mit Drohung und Mord gegen die Jünger des Herrn. Er ging zum Hohenpriester und erbat sich von ihm Briefe an die Synagogen in Damaskus, um die Anhänger des neuen Weges, Männer und Frauen, die er dort finde, zu fesseln und nach Jerusalem zu bringen. Unterwegs aber, als er sich bereits Damaskus näherte, geschah es, dass ihn plötzlich ein Licht vom Himmel umstrahlte. Er stürzte zu Boden und hörte, wie eine Stimme zu ihm sagte: Saul, Saul, warum verfolgst du mich? Er antwortete: Wer bist du, Herr? Dieser sagte: Ich bin Jesus, den du verfolgst. Steh auf und geh in die Stadt; dort wird dir gesagt werden, was du tun sollst.« Drei Tage lang war Saul blind, er aß und trank nichts, dann schickte Gott Hananias zu ihm. Er legte Saulus die Hände auf und sagte: »Bruder Saul, der Herr hat mich gesandt, Jesus, der dir auf dem Weg hierher erschienen ist; du sollst wieder sehen und mit dem Heiligen Geist erfüllt werden. Sofort fiel es wie Schuppen von seinen Augen und er sah wieder; er stand auf und ließ sich taufen.«(Apg 9,4)

In der Apostelgeschichte über die Bekehrung des Saulus zum Paulus finden wir – wie man sieht – noch eine weitere Redewendung, die sich bis heute gehalten hat: *»Wie Schuppen von den Augen fallen«* als Redewendung über eine plötzliche Einsicht oder Erkenntnis. Und so wurde nach diesem Erlebnis aus dem Christen-Hasser Saulus der Missionar Paulus. Seinem Wirken ist es zu verdanken, dass sich der christliche Glaube über die ganze Welt ausbreiten konnte.

Was Du heute kannst besorgen, das verschiebe nicht auf morgen

Kinder haben ihre eigene Ordnung. Wenn das dreijährige Mädchen sämtliche Puzzlespiele auf dem Küchenfußboden verteilt, dann ist die Welt für das Kind in Ordnung, einen besseren Überblick über alle verfügbaren Puzzles als hier auf dem Fußboden kann es gar nicht haben, ist doch logisch, oder? Dass sich die Mama auf dem Weg zur Spülmaschine fast die Beine bricht, ändert daran gar nichts, macht aber die Sache ein bisschen komplizierter.

Denn wenn die Mutter dann von ihrer kleinen Tochter verlangt, dass sie doch endlich aufräumen möge, bedeutet das für das Kind, dass die eben geschaffene Ordnung zerstört werden muss. Auch wenn die Puzzle-Welt nach einiger Zeit von dem Mädchen nicht mehr beachtet wird, bleibt Aufräumen trotzdem immer noch unangenehm. Und Unangenehmes verschiebt man gerne auf morgen – das geht Kindern nicht anders als Erwachsenen. Der von Eltern dann häufig gebrauchte Spruch *»Was du heute kannst besorgen, das verschiebe nicht auf morgen«* gehört deshalb sicher zu den meistgehassten Sprüchen der Kindheit. Ist doch einfach nicht einzusehen, warum überhaupt aufgeräumt werden muss und noch dazu heute, wenn morgen auch noch reichen würde. Auch diese von Kindern gehasste Redewendung hat ihren Ursprung in der Bibel, dort jedoch in einer anderen Bedeutung.

Im Buch Jesus Sirach wird die Jugend dazu aufgefordert, gottesfürchtig zu leben und sich unverzüglich, ohne es auf morgen zu verschieben, zu Gott zu bekennen. Wörtlich heißt es dort:

»Sag nicht: Ich habe gesündigt, doch was ist mir geschehen? Denn der Herr hat viel Geduld. Verlass dich nicht auf die Vergebung, füge nicht Sünde an Sünde, indem du sagst: Seine Barmherzigkeit ist groß, er wird mir viele Sünden verzeihen. Denn Erbarmen ist bei ihm, aber auch Zorn, auf den Frevlern ruht sein Grimm. Zögere nicht, dich zu ihm zu bekehren, verschieb es nicht Tag um Tag!« (Sir 5,8)

Daraus hat sich der Spruch *»Was du heute kannst besorgen, das verschiebe nicht auf morgen«* entwickelt, ein Spruch, dessen positiven Pragmatismus Kinder später als Erwachsene auch schätzen lernen. Denn wenn man sich nicht nur vorm Rasenmähen oder ähnlich banalen Dingen drückt, sondern vor einer wirklich unangenehmen Aufgabe, dann kann das eine bedrückende Last für viele Tage, Wochen oder Monate sein und zu Unausgeglichenheit und Gereiztheit führen. Wer außerordentlich Unangenehmes jedoch sofort erledigt, der fühlt sich wie von einer schweren Last befreit.

David gegen Goliath

»David gegen Goliath« ist heute noch eine häufig benutzte Redewendung in unserer Umgangssprache. Jeder denkt sofort an einen Kampf mit ungleichen Waffen: den Kampf eines hoffnungslos Schwächeren gegen einen offensichtlich überlegenen Gegner. Wenn sich ein kleines Dorf mit dem Mut der Verzweiflung gegen seinen geplanten Abriss für die Erweiterung des Hamburger Containerhafens wehrt oder Greenpeace-Aktivisten mit kleinen Schlauchbooten versuchen, einen 750.000-Tonnen-Tanker zu stoppen, dann benutzen wir gerne das Bild des Kampfes von *»David gegen Goliath«*. Wobei in unserer Vorstellung meist der kleine David von vornherein als trauriger Verlierer feststeht.

Anders in der Erzählung der Bibel, in der der kleine David den Riesen Goliath besiegt, der im ersten Buch Samuel, Kapitel 17, so beschrieben wird:

»Da trat hervor aus den Lagern der Philister ein Riese, mit dem Namen Goliath, von Gath, sechs Ellen und eine Handbreit hoch; und er hatte einen ehernen Helm auf seinem Haupt und einen schuppichten Panzer an, und das Gewicht seines Panzers war fünftausend Lot Erz; und er hatte eherne Beinharnische an den Schenkeln und einen ehernen Schild auf den Schultern. Und der Schaft seines Spießes war wie ein Weberbaum, und das Eisen seines Spießes hatte sechshundert Lot Eisen …« (1.Sam 17, 1-58)

Gegen diesen Riesen Goliath soll der kleine Hirte David zum Kampf antreten. Als man ihm dafür eine schwere Rüstung anlegt, kann er darin kaum gehen. Also legt David die Rüstung wieder ab, holt sich aus dem Bach fünf glatte Steine, legt sie in seine Hirtentasche und nimmt die Schleuder in die Hand. So tritt er dem Riesen Goliath entgegen. Weiter heißt es in der Bibel:

»David tat seine Hand in die Tasche und nahm einen Stein heraus und schleuderte und traf den Philister (gemeint ist Goliath, Anmerkung des Autors) *an seine Stirn, daß der Stein in seine Stirn fuhr und er zur Erde fiel auf sein Angesicht.«*

Diese listige Heldentat machte David so beliebt und berühmt, dass sein Name auch heute immer wieder als Taufname verwendet wird, während der Name seines Kontrahenten nur noch in der Redewendung *»David gegen Goliath«* auftaucht. Oder ist ein Fall bekannt, dass Eltern ihren Sohn auf den Namen Goliath getauft hätten?

Auf Sand gebaut

Wohl jeder hat so ein Erlebnis schon einmal gehabt: Da hat man jemandem vertraut, hat mit ihm etwas geplant, hat sich auf ihn verlassen und auf einmal ist alles vorüber. Alle Träume sind geplatzt, man ist zutiefst enttäuscht von einem Menschen, der sich des Vertrauens nicht würdig erwiesen hat. Umgangssprachlich heißt das salopp *»Da hab ich wohl auf Sand gebaut«*, auch wenn der eher flapsige Spruch nicht die häufig stark empfundene Enttäuschung zu beschreiben vermag. Auch flotte Sprüche dieser Art kommen nicht selten aus der Bibel.

Am Ende der bekannten Bergpredigt erzählt Jesus ein Gleichnis, um seine Lehren zu untermauern. Es ist die ganz einfache und anschauliche Geschichte von zwei Männern, die auf sehr unterschiedliche Art und Weise ein Haus bauen, der eine auf Sand, der andere auf Felsen. Im Matthäus-Evangelium, Kapitel 7, steht geschrieben:

»Darum, wer diese meine Rede hört und tut sie, der gleicht einem klugen Mann, der sein Haus auf den Felsen baute. Da nun ein Platzregen fiel und die Wasser kamen und wehten die Winde und stießen an das Haus, fiel es doch nicht, denn es war auf den Felsen gegründet. Und wer diese meine Rede hört und tut sie nicht, der ist einem törichten Mann gleich, der sein Haus auf den Sand baute. Da nun ein Platzregen fiel und kamen die Wasser und wehten die Winde und stießen an das Haus, da fiel es und tat einen großen Fall.« (Mt 7, 24 – 27)

Wie alle Gleichnisse von Jesus ist auch das zitierte anschaulich und somit leicht und für jedermann zu verstehen, denn Jesus nahm sie stets aus dem Alltag seiner Zuhörer. Er brauchte nur wenige, einfache Worte, um die Menschen von der Lehre Gottes zu überzeugen. Heute scheint sich Gottes Bodenpersonal damit etwas schwerer zu tun.

Etwas aus der Taufe heben

Das beschauliche Örtchen Gandersum in Ostfriesland – gleich hinterm Deich der Ems – wurde vor einigen Jahren etwas ruppig aus seinem Dornröschenschlaf geweckt. Hier sollte das Emssperrwerk gebaut werden, mit dem die Ems für die Überführung der riesigen Kreuzfahrtschiffe der Papenburger Meyer-Werft gestaut werden kann. Das Großprojekt wurde anfangs mit rund 350 Millionen Mark veranschlagt. Befürworter und Gegner lieferten sich einen zähen Kampf, der sich über viele Monate hinzog. Dann hatte die gigantische Baumaßnahme alle erforderlichen Genehmigungen bekommen und der Bau konnte beginnen: Das Emssperrwerk war *»aus der Taufe gehoben«*.

Die Redewendung *»Etwas aus der Taufe heben«* steht so nicht in der Bibel, obwohl gerade das natürlich hier naheliegen würde. Sie ist vielmehr ein Beispiel dafür, dass nicht nur die Worte der Bibel, sondern auch die christlichen Rituale Pate gestanden haben für die Bildung neuer Redewendungen. Heute ist es üblich, dass sowohl in der katholischen als auch in der evangelischen Kirche die Menschen schon als Babys getauft werden. Dabei wird den Säuglingen vorsichtig wohltemperiertes Wasser über den Kopf gegossen. Diese Art der Taufe war jedoch nicht immer üblich.

Als Jesus getauft wurde, war er bereits erwachsen und musste mit seinem ganzen Körper untertauchen, weil man damals von der Vorstellung ausging, dass Wasser den Körper und die Seele reinigt. Die neuapostolische Kirche tauft ihre Gemeindemitglieder noch heute auf diese Weise. In den beiden großen Kirchen in Deutschland wurden früher auch die Säuglinge mit dem ganzen Körper kurz untergetaucht und danach *»aus der Taufe gehoben«*. Genau daraus hat sich der zitierte Spruch *»Etwas aus der Taufe heben«* entwickelt. Ein Baby wird in die christliche Gemeinschaft aufgenommen, wenn es aus dem Taufbecken gehoben wird. In der weltlichen Bedeutung meint *»aus der Taufe heben«*, dass nun alle Hindernisse beseitigt oder alle Voraussetzungen erfüllt worden sind, um etwas Neues bauen oder gründen zu können.

Von Pontius zu Pilatus laufen, geschickt werden

Die Geschichte fängt meistens ganz harmlos an. In einer Werbebeilage entdeckt ein mehr oder minder handwerklich begabter Heimwerker ein kleines Holzhäuschen. Günstig und groß genug, um endlich die Mülltonne oder das Fahrrad trocken und sicher darin unterzubringen. Nach einer Besichtigung auf dem Außengelände des Baumarktes lässt er sich das Holzhäuschen liefern. Zwei Tage später liegt ein Stapel Bretter und Balken vor der Tür.

Doch dann erzählt ein netter Nachbar, dass für solch ein Holzhäuschen eine Baugenehmigung notwendig ist. Ein Anruf beim zuständigen Bauamt endet mit der Aufforderung, doch einmal persönlich vorbei zu kommen. Da der Holzhäuslebauer natürlich die entsprechende Flurkarte seines Grundstücks nicht dabei hat, wird er zum Katasteramt geschickt und von dort wieder zum Bauamt. Dies verlangt nun eine Statik des zu erstellenden Gebäudes. Die aber hat nur der Baumarkt. Also wieder zum Baumarkt. Hier zuckt das Fachpersonal mit den Schultern. Eine Bauzeichnung mit genauer statischer Berechnung sei nur direkt vom Hersteller zu beziehen ... und so fährt der Bauwillige unverrichteter Dinge wieder nach Hause. Frustriert berichtet er seiner Familie: *»Man hat mich den ganzen Tag lang ›von Pontius zu Pilatus geschickt‹, und nichts ist dabei herausgekommen.«*

Diese oft verwendete Redewendung *»von Pontius zu Pilatus schicken«* ist eigentlich völliger Unsinn, denn es gab nicht den »Pontius« und den »Pilatus«. Pontius Pilatus war eine Person, nämlich der römische Statthalter in Palästina, der Jesus letztlich zum Tode am Kreuz verurteilte. Im altkirchlichen Glaubensbekenntnis heißt es entsprechend:

»Ich glaube an Gott den Vater, den Allmächtigen, Schöpfer Himmels und der Erde.

Ich glaube an Jesus Christus, seinen eingeborenen Sohn, unsern Herrn, der empfangen ist vom heiligen Geist, geboren von der Jungfrau Maria, gelitten unter Pontius Pilatus, gekreuzigt, gestorben und begraben, niedergefahren zur Hölle, am dritten Tage wieder auferstanden von den Toten, aufgefahren gen Himmel, sitzend zur Rechten Gottes, des allmächtigen Vaters, von dannen er kommen wird zu richten die Lebendigen und die Toten. Ich glaube an den heiligen Geist, eine heilige christliche Kirche, die Gemeinde der Heiligen, Vergebung der Sünden, Auferstehung des Fleisches und ein ewiges Leben. Amen.« (Lk 23, 1)

Doch bevor Pontius Pilatus Jesus verurteilte, schickte er ihn zu König Herodes, der in Galiläa zuständig war. Schließlich hatte Jesus seinen Wohnsitz in Galiläa und so hätte eigentlich Herodes über ihn richten müssen. Doch Herodes schickte Jesus wieder zu Pontius Pilatus zurück. Die Redewendung müsste deshalb eigentlich heißen: *»Man hat jemanden von Pontius zu Herodes und von Herodes wieder zu Pontius«* geschickt. Nachzulesen ist die hochdramatische Erzählung in der Bibel, im Lukas-Evangelium, Kapitel 23.

Dass somit eigentlich niemand *»von Pontius zu Pilatus«* geschickt werden kann, ist nicht vielen bekannt. Vielleicht auch unserem Heimwerker nicht. Dem allerdings hätte diese Erkenntnis wenig geholfen, es sei denn, er hätte auf die ganze Rennerei verzichtet und sein Holzhaus einfach ohne Baugenehmigung aufgestellt – irgendwo im hintersten Winkel seines Gartens. Eine Strafe von Pontius Pilatus oder von König Herodes hätte ihn dafür sicher nicht erwartet.

Die linke Hand weiß nicht, was die rechte tut

Vor Wochen gab es eine klare Absprache zwischen dem Meister einer Autowerkstatt und seinem Kunden über den Einbau einer Standheizung. Alles war geklärt. Der Kunde wusste genau, wie lange er auf sein Auto verzichten musste und was der Einbau kosten würde. Doch am vorgesehenen Einbautermin war der Kfz-Meister im Urlaub und alles war plötzlich ganz anders als vereinbart. Der Einbau würde wesentlich länger dauern, erzählte nun dessen Stellvertreter, und die Heizung selbst wäre auch wesentlich teurer. Verärgert rief der Kunde: *»In ihrem Laden weiß offensichtlich die linke Hand nicht, was die rechte tut!«*, und nahm sein Auto wieder mit nach Hause.

»Laß Deine linke Hand nicht wissen, was die rechte tut«, sagt auch Jesus in der berühmten Bergpredigt – nachzulesen in der Bibel, Matthäus-Evangelium, Kapitel 6 – allerdings hat dieser Satz hier eine völlig andere Bedeutung als in der heutigen Umgangssprache:

»Hütet euch, eure Gerechtigkeit vor den Menschen zur Schau zu stellen, sonst habt ihr keinen Lohn von eurem Vater im Himmel zu erwarten. Wenn du Almosen gibst, laß es also nicht vor dir herposaunen, wie es die Heuchler in den Synagogen und auf den Gassen tun, um von den Leuten gelobt zu werden. Amen, das sage ich euch: Sie haben ihren Lohn bereits erhalten. Wenn du Almosen gibst, soll deine linke Hand nicht wissen, was deine rechte tut. Dein Almosen soll verborgen bleiben und dein Vater, der auch das Verborgene sieht, wird es dir vergelten.« (Mt 6,3)

In der Bibel ist nicht von Chaos, falschen Absprachen und Unzuverlässigkeit die Rede wie im Vorwurf unseres Kunden an seine Autowerkstatt, sondern von Diskretion und Bescheidenheit – einer Bescheidenheit, die allerdings weitestgehend verloren gegangen zu sein scheint. *»Tue Gutes und rede darüber«,* ist heute die gängige Losung bei vielen Wohltätern aller Art, was meist einhergeht mit einem penetranten Selbstdarstellungsdrang nach dem Motto: *»Schaut mal alle her, wie gut ich bin!«*

Hier ist die herausposaunte Hilfe für andere lediglich Mittel zur Befriedigung der eigenen Eitelkeit, was Jesus mit Sicherheit nicht gefallen hätte. Gleich den Heuchlern in der Synagoge hätte er solchen Zeitgenossen gesagt: *»Hüte dich, deine Gerechtigkeit vor den Menschen zur Schau zu stellen. Laß deine linke Hand nicht wissen, was die rechte tut.«*

Jemandem das Maul stopfen

Ach, wie viele glückliche Liebespaare hätte es in der Weltliteratur geben können, wenn nicht immer wieder ihre geistigen Erfinder dies erfolgreich zu verhindern gewusst hätten. Sie ließen lieber böse Schurken noch bösere Intrigen spinnen, und schon hatten wir den Salat – Romeo bekam Julia nicht, Schiller ließ das Glück von Ferdinand und Luise nicht zu, und selbst Scarlett aus *»Vom Winde verweht«* würde noch heute vergeblich auf ihren Rhett Butler warten, wenn sich nicht geldgierige Produzenten der filmischen Fortsetzung ihrer Liebesgeschichte angenommen hätten.

Dabei hätte es durchaus probate Mittel gegen Happy-End-verhindernde Intrigen gegeben – oftmals hätte schon die laut und deutlich geäußerte Absicht *»dem stopfe ich das Maul«* gereicht, um miese Schurken mundtot zu machen. Nichts da, die tragische Liebe ist die, aus der die Stoffe der Weltliteratur gemacht sind, und unflätige Redensweisen wie *»das Maul stopfen«* hätten die schönen Handlungsfäden nur unschön durcheinandergebracht.

Dabei stammt die Redewendung *»das Maul stopfen«* keineswegs aus der Gosse, sondern direkt aus der Bibel. Dort, in den Psalmen, dem Fünften Buch mit dem Danklied der Erlösten heißt es über Gott:

»Er machte Bäche trocken und ließ Wasserquellen versiegen, daß ein fruchtbar Land zur Salzwüste wurde um der Bosheit willen derer, die darin wohnten. Er machte das Trockene wiederum wasserreich und im dürren Land Wasserquellen, und hat die Hungrigen dahingesetzt, daß sie eine Stadt zurichteten, da sie wohnen konnten, und Äcker besäen und Weinberge pflanzen möchten und die jährlichen Früchte gewönnen. Und er segnete sie, daß sie sich sehr mehrten, und gab ihnen viel Vieh. Sie waren niedergedrückt und geschwächt von dem Bösen, das sie gezwungen und gedrungen hatte. Er schüttete Verachtung auf die Fürsten und ließ sie irren in der Wüste, da kein Weg ist, und schützte den Armen vor Elend und mehrte sein Geschlecht wie eine Herde. Solches werden die Frommen sehen und sich freuen; und aller Bosheit wird das Maul gestopft werden.« (Ps 107,42)

Wer wünscht sich diese Hilfe Gottes nicht, wenn bösartige Nachbarn und unausstehliche Chefs einem das Leben schwer machen, einem übel nachreden und sich die Mäuler zerreißen. So manch einem dieser Zeitgenossen – denkt man sich – gehört ein für *»allemal das Maul«* gestopft. Doch was Martin Luther schreiben durfte, darf man heute noch nicht einmal mehr sagen. Mit einer Beleidigungsklage wäre bei der Ankündigung *»Dir stopfe ich das Maul«* so manch einer schnell bei der Hand.

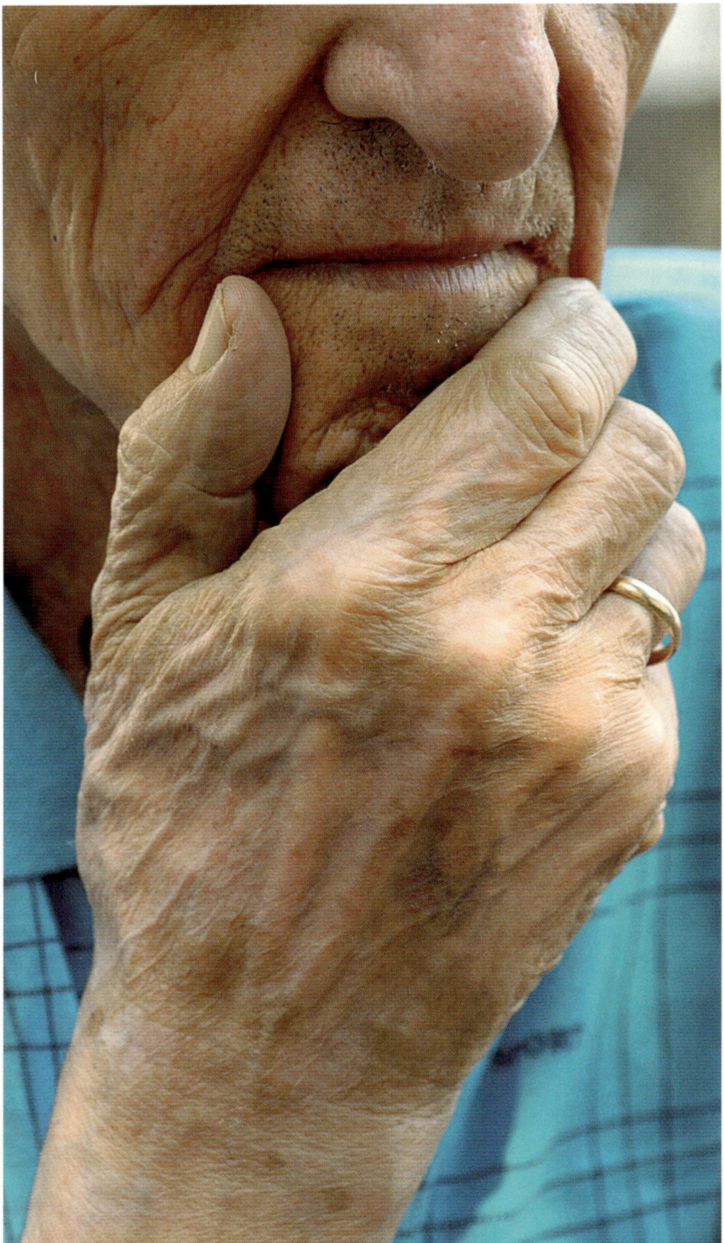

Alt wie Methusalem

Die Menschen in Peking und in Hongkong hatten Angst. Angst davor, auch an der oft tödlich verlaufenden Krankheit SARS zu erkranken. Angst davor zu sterben. *»Ich habe das Gefühl, das Virus springt mich an jeder Ecke an«,* beschrieb eine Frau ihre Empfindungen. Die Menschen kauften die Supermärkte leer, weil sie befürchteten, dass ihre Stadt unter Quarantäne gestellt werden könnte.

Genauso wie Aids oder das hochansteckende Ebola-Fieber bedrohte auch die neue Krankheit SARS etwas, auf das wir manchmal wie selbstverständlich ein Anrecht zu haben meinen: das Recht auf ein langes Leben. Tödlich verlaufende Krankheiten, Seuchen, Epidemien hat es zu allen Zeiten gegeben, gleichzeitig hat sich aber auch die Lebenserwartung der Menschen immer weiter erhöht. Will man der Wissenschaft glauben, soll es gar nicht mehr lange dauern, bis ein Alter weit über 100 Jahre normal werden könnte.

»Meine Güte, dann wäre ich ja alt wie Methusalem«, haben beim Lesen dieser Zeitungsmeldung bestimmt viele Menschen gedacht, doch sie irren, denn über den Methusalem aus dem Alten Testament, auf den sich diese Redewendung bezieht, wird geschrieben, dass er sogar noch viel älter wurde, nämlich genau 969 Jahre alt. Im ersten Buch Mose, dem Buch Genesis, steht in Kapitel 5 geschrieben:

»Methusalah war hundertsiebenundachtzig Jahre alt, und zeugte Lamech; und lebte danach siebenhundertzweiundachtzig Jahre, und zeugte Söhne und Töchter; daß sein ganzes Alter ward neunhundertneunundsechzig Jahre und starb.« (1.Mose 5,27)

Dieses Alter war in der Bibel so ungewöhnlich nicht, denn dort sollen auch andere Menschen einige hundert Jahre alt geworden sein. Diese Zahlen, die heute natürlich von den meisten Menschen nicht geglaubt werden, erklären sich Theologen damit, dass beim Schreiben der Stammbäume die Vorstellung herrschte, dass die Menschen am Anfang am längsten gelebt haben, weil nach der Vertreibung aus dem Paradies das Böse immer mehr zu- und damit die Lebensdauer abgenommen hat. Wäre diese Annahme richtig, würde sie bezogen auf die letzten Jahrhunderte im Umkehrschluss bedeuten, dass die Menschen heute soviel länger leben als beispielsweise vor 400 Jahren, weil sie weniger böse sind.

Dazu kann man eigentlich nur sagen: Schön wär's ja, schon der morgendliche Blick in die Zeitung verkündet aber Gegenteiliges: Kriege und Hungersnöte, an denen ebenfalls unzählige Menschen elend zu Grunde gehen, während andere Teile der Welt im Überfluss leben, Kapitalverbrechen, Terroranschläge, die fortschreitende Zerstörung des Planeten, auf dem wir leben – das alles ist schlimm und zeugt nicht davon, dass die Menschheit in den letzten Jahrhunderten irgendetwas begriffen hätte.

Über den Kopf wachsen

Am einem Sonntag im Mai ist für viele Frauen wieder einmal alles ganz anders als sonst. Die Kinder, hübsch gekleidet und frisch gewaschen, bringen ihrer Mama zusammen mit dem dazugehörigen, ebenfalls schick gekleideten Papa das Frühstück ans Bett. Dazu gibt es Blümchen, selbstgebastelte Geschenke und fein säuberlich abgeschriebene Gedichte. Abends geht's zum Essen ins Restaurant, tagsüber wird gefaulenzt. *»Ach, wie schade, dass nicht öfter Muttertag ist«,* werden da sicher viele Mamas geseufzt haben – allen Vorbehalten gegen einen institutionalisierten Tag der Mutterliebe zum Trotz.

Denn was Hausfrauen sonst zu leisten haben, wird noch viel zu wenig wahrgenommen und anerkannt. Frühstück machen, Kinder in die Schule bringen, putzen, waschen, kochen, bügeln, bei den Hausaufgaben helfen, nachmittags die Kinder kutschieren, zwischendrin einkaufen, Abendbrot machen, die Kinder zu Bett bringen und danach noch aufräumen, was der Tag so mit sich gebracht hat – und das ist noch längst nicht alles. Und noch immer gibt es Männer, die nicht verstehen können, warum ihre Frauen am Ende so eines Tages mindestens genauso müde ins Bett fallen wie sie selber, und gelegentliche Sprüche wie *»Mir wächst alles über den Kopf«* verstehen sie noch weniger.

In Alten Testament der Bibel ist diese Redewendung bei Esra zu finden, dort ist sie jedoch wortwörtlich gemeint. In seinem Bußgebet heißt es in Kapitel 9:

»Und um das Abendopfer stand ich auf von meinem Elend und zerriß mein Kleid und meinen Rock und fiel auf meine Kniee und breitete meine Hände aus zu dem Herrn, meinem Gott, und sprach: Mein Gott, ich schäme mich und scheue mich, meine Augen aufzuheben zu dir, mein Gott; denn unsre Missetat ist über unser Haupt gewachsen, und unsre Schuld ist groß bis in den Himmel.« (Esr 9,6)

In der wortwörtlichen Bedeutung gibt es die Redewendung auch heute noch, etwa wenn der Sohn dem Vater tatsächlich *»über den Kopf gewachsen ist«*. Häufiger ist jedoch die übertragene Variante, wenn jemandem etwas zu viel wird. Den eifrigen Vätern vom Muttertag sei gesagt, dass sie auf solche Sprüche durchaus angemessen reagieren können. Denn damit soll meist nicht ausgedrückt werden, dass Mütter und Hausfrauen ihre Arbeit ungern erledigen.

Zuviel werden – über den Kopf wachsen – kann jedem gelegentlich auch das, was er eigentlich sehr gerne tut. Manchmal ist nur ein wenig Verständnis, Zuwendung und natürlich Hilfe vonnöten und ein klein wenig Abstand. Gelegentliche Restaurantbesuche zu zweit, ganz alleine ohne Kinder, bewirken oft schon Wunder. Glauben Sie nicht? Na, dann fragen Sie doch mal Ihre Frau, ob Sie am Wochenende mit Ihnen essen gehen möchte, ganz alleine, nur Sie beide, ganz schick. Wetten, dass Sie nicht nein sagt?

Perlen vor die Säue werfen

Hobby-Schnäppchenjäger Erwin ist begeistert. Tagelang hat er sich über Waschmaschinen schlau gemacht, nachdem seine alte Waschtrommel ohne Vorankündigung nach 15 Jahren einfach ihre guten Dienste eingestellt hatte. Er hat sich Prospekte besorgt, Kataloge gewälzt, unzählige Internetseiten aufgerufen, die Stiftung Warentest konsultiert und viel telefoniert. Nun ist er ein kleiner Waschmaschinenexperte, weiß, worauf es ankommt, weiß, welche Marken sich hinter No-name-Produkten verstecken, und hat sogar eine herabgesetzte Maschine für 469 Euro gefunden, die als Markengerät sonst weit mehr als 1.000 Euro kostet. Für ihn ist die Sache klar – das beste Gerät zum Dumpingpreis – besser geht's nicht.

Als kurz darauf auch seinem Nachbarn Hubert die Waschmaschine kaputt geht, bietet Erwin sofort seine Hilfe bei der Auswahl einer neuen an, denn die ganze Arbeit, die er sich gemacht hat, die könnte er Hubert damit ja ersparen. Doch weit gefehlt. Hubert dankt zwar höflich, aber sichtlich desinteressiert für die angebotene Hilfe und kauft noch am gleichen Tag eine andere Waschmaschine – wesentlich teurer und wesentlich schlechter. Erwin versteht die Welt nicht mehr. Er ist verärgert und denkt, dass der Nachbar das nächste Mal seinen Kram alleine machen kann, das ist ja *»Perlen vor die Säue werfen.«* Von Perlen vor den Säuen ist schon in der Bibel die Rede.

In der Bergpredigt warnt Jesus davor, die Lehre Gottes den Menschen zugänglich zu machen, die sie missbrauchen könnten. Bei Matthäus, Kapitel 7, heißt es:

»Richtet nicht, auf daß ihr nicht gerichtet werdet. Denn mit welcherlei Gericht ihr richtet, werdet ihr gerichtet werden; und mit welcherlei Maß ihr messet, wird euch gemessen werden. Was siehest du aber den Splitter in deines Bruders Auge und wirst nicht gewahr des Balkens in deinem Auge? Oder wie darfst du sagen zu deinem Bruder: Halt, ich will dir den Splitter aus deinem Auge ziehen? Und siehe, ein Balken ist in deinem Auge. Du Heuchler, zieh zuerst den Balken aus deinem Auge; danach sieh zu, wie du den Splitter aus deines Bruders Auge ziehest. Ihr sollt das Heilige nicht den Hunden geben, und eure Perlen sollt ihr nicht vor die Säue werfen, auf daß sie dieselben nicht zertreten mit ihren Füßen und sich wenden und euch zerreißen.« (Mt 7,6)

Heute ist auch dann von *»Perlen vor die Säue werfen«* die Rede, wenn man jemandem etwas Wertvolles oder Ungewöhnliches schenkt, das dieser nicht zu würdigen weiß, oder wenn gute Ratschläge, Tipps und Hilfen zurückgewiesen werden. Für die, die ihre Hilfe uneigennützig anbieten, ist so etwas natürlich ärgerlich. Richtig schade aber wäre es, wenn sie sich dann ganz zurückziehen würden – denn Menschen, die gute Tipps und Ratschläge gebrauchen können, gibt es jede Menge und nicht alle sind so beharrlich beratungsresistent wie Nachbar Hubert.

Den Geist aufgeben

Meine Nachbarin ist wütend. Vor zehn Tagen war die Garantie für ihr neues Auto abgelaufen, und heute ausgerechnet hat der Katalysator seinen Geist aufgegeben. Das zuständige Autohaus zeigt sich unnachgiebig – von Kulanz keine Spur. Auch die Tatsache, dass manche Waschmaschinen eine verlängerte Garantiezeit von fünf Jahren haben, führt nicht an dem Umstand vorbei, dass sie ihren Geist meist erst nach dieser Zeit aufgeben. Wenn etwas kaputt geht, ob nun Auto, Waschmaschine oder andere Dinge des täglichen Lebens, wird häufig der Begriff *»Geist aufgeben«* gebraucht.

Vom ursprünglichen Wortsinn hat sich dieser Ausdruck dabei schon weit entfernt. Während heute eigentlich ausschließlich nicht mehr funktionsfähige Gegenstände mit dieser Bezeichnung belegt werden, waren in der Bibel Menschen mit dieser Redewendung gemeint. In den Klageliedern Jeremias heißt es über die Zerstörung der Stadt Jerusalem:

»Ich habe schier meine Augen ausgeweint, daß mir mein Leib davon wehe tut; meine Leber ist auf die Erde ausgeschüttet über dem Jammer der Tochter meines Volks, da die Säuglinge und Unmündigen auf den Gassen in der Stadt verschmachten, da sie zu ihren Müttern sprachen: Wo ist Brot und Wein? Da sie auf den Gassen in der Stadt verschmachteten wie die tödlich Verwundeten und in den Armen ihrer Mütter den Geist aufgaben«. (Klgl 2,12)

Der Begriff *»seinen Geist aufgeben«* ist in der Bibel also durchaus wortwörtlich gemeint und bedeutet *»sterben«*. *»Seinen Geist aufgeben«* – dass dieser Ausdruck so unterschiedlich in der Bibel und in der Gegenwart benutzt wird, ist sicher auch ein Beispiel dafür, dass wir mit vielen unserer Redensarten, auch wenn sie nicht aus der Bibel stammen, vorsichtiger umgehen sollten. So zeugt zum Beispiel auch die Formulierung *»Der ist ja nicht totzukriegen«* nicht im entferntesten von Sensibilität und ist sicher »daneben«, wie heute ebenfalls gerne gesagt wird.

Den Seinen gibt's der Herr im Schlaf

Mit der Begabung ist das so eine Sache. Die einen haben sie, die anderen nicht. Die einen sind hochbegabt, die anderen allenfalls auf einigen Gebieten talentiert. Beispiele hierfür wird jeder aus seiner eigenen Schulzeit kennen. Da rackerte man sich ab, lernte und lernte Stunde um Stunde, um endlich mal eine richtig gute Arbeit zu schreiben – und dann wurde es wieder nichts; und diejenigen, die nur einen Blick auf den Stoff werfen mussten und sich ansonsten einen schönen Nachmittag machen konnten, die sahnten wie immer ihre »Eins« ab. *»Den Seinen gibt's der Herr im Schlaf«,* werden in solchen Situationen viele Menschen doch ein wenig neidvoll gedacht haben.

Schon in der Bibel, im Psalm 127, dem Wallfahrtslied Salomos, steht geschrieben:

»Wenn nicht der Herr das Haus baut, müht sich jeder umsonst, der daran baut. Wenn nicht der Herr die Stadt bewacht, wacht der Wächter umsonst. Es ist umsonst, daß ihr früh aufsteht und euch spät erst niedersetzt, um das Brot der Mühsal zu essen; denn der Herr gibt es den Seinen im Schlaf.« (Ps 127,2)

Jede noch so große Mühe, jedes noch so harte Leben nützt demnach nichts: Solange die Menschen nicht gottgefällig leben und für ihr Tun den Segen Gottes bekommen, so lange sind ihre Bemühungen nutzlos – das ist die Botschaft dieses Psalms.

Im heutigen Sprachgebrauch erinnert die Redewendung zwar an die Bibel, hat aber ihre religiöse Bedeutung verloren. All jenen, die immer noch ein wenig sehnsüchtig zu denen 'rüberschauen, denen im Leben durch ihre Begabung so alles ohne viel Einsatz in den Schoß zu fallen scheint, sei gesagt, dass Talent auch nicht alles ist. Eine Begabung alleine – auf welchem Gebiet auch immer – macht noch kein erfolgreiches Leben aus. So gibt es viele hochbegabte Analphabeten, denen das Leben eher schwerfällt. Fleiß kann in einem langen Berufsleben durchaus ein bisschen mangelnde Begabung ersetzen, prominente Beispiele dafür gibt es jede Menge. Allein in der Politik haben es viele Menschen bis ganz nach oben gebracht, ohne dafür besonders begabt zu sein. Und auch wenn diejenigen, die sich für besonders befähigt halten, die Chance erhalten würden, ganz hohe Posten zu ergattern, wäre noch lange nicht klar, ob sie dann auch erfolgreich wären.

Sachverstand ist nicht alles, Menschlichkeit, Wärme und Herzlichkeit sind genauso wichtig wie eine Begabung, wenn nicht sogar wichtiger. Sachkenntnisse können gute Beraterstäbe vermitteln, Herzlichkeit und Wärme jedoch muss jeder selbst mitbringen.

Nach mir die Sintflut

»Nach mir die Sintflut!« Das ist wohl eine der gemeinsten Redensarten, die es gibt. Sie spiegelt ein Maß an Egoismus, Gleichgültigkeit und Ignoranz anderen Menschen und der Umwelt gegenüber wider, das kaum zu überbieten ist. Dabei hat der Ursprung dieser Redensart in der Bibel eine andere, sogar gegenteilige Bedeutung. Im 1. Buch Mose, Kapitel 6 wird der Ärger Gottes über die von ihm geschaffenen Menschen geschildert, die so voller Gemeinheit und Bosheit waren, dass Gott beschloss, die missratenen Teile seiner Schöpfung wieder zu vernichten. Nur der gute, fromme Noah sollte mit seiner Familie überleben, aber nicht nur er allein:

»Denn siehe, ich will eine Sintflut mit Wasser kommen lassen auf Erden, zu verderben alles Fleisch, darin ein lebendiger Odem ist, unter dem Himmel. Alles, was auf Erden ist, soll untergehen. Aber mit Dir – Noah – will ich einen Bund aufrichten.« (1.Mose, 6,17)

Gott fordert Noah auf, einen Kasten aus Tannenholz – wie es in der Bibel heißt – zu bauen: Die bekannte Arche Noah. Dort soll sich Noah mit seiner Familie vor der Sintflut retten. Weiter fordert Gott von Ihm:

»Und du sollst in den Kasten tun allerlei Tiere von allem Fleisch, je ein Paar, Männlein und Weiblein, daß sie lebendig bleiben bei dir. Von den Vögeln, nach ihrer Art, von dem Vieh nach seiner Art, und allerlei Gewürm auf Erden nach seiner Art; von allen soll je ein Paar zu dir hineingehen, daß sie leben bleiben.«

Also von wegen: *»Nach mir die Sintflut!«* Noah bringt nicht nur sich allein in Sicherheit. Er bewahrt die Schöpfung vor dem Untergang und tut damit genau das Gegenteil von dem, was der Spruch umgangssprachlich bedeutet.

Ein Herz und eine Seele

Katrin und Heike sind acht und neun Jahre alt. Sie wohnen in verschiedenen Städten. Sie sehen sich nicht oft. Wenn sie aber dreimal im Jahr zusammenkommen, ist zwischen ihnen eine Vertrautheit, als ob sie sich täglich treffen würden. Kaum angekommen, spielen, albern, toben, lachen die beiden, tauschen Erlebnisse aus, erfinden Spiele, sind unendlich zufrieden und vergnügt. Zwischen beiden gibt es kein böses Wort, sie teilen miteinander, nehmen Rücksicht, sind füreinander da. Jeder, der die beiden sieht, merkt sofort, da haben sich zwei gesucht und gefunden – die beiden sind *»ein Herz und eine Seele«*.

Von einem Zustand der innigen Vertrautheit erzählt auch die Bibel, aus der diese Redewendung stammt. In der Apostelgeschichte, Kapitel 4, wird über die christliche Urgemeinde in Jerusalem berichtet, die als Gütergemeinschaft lebte:

»Die Gemeinde der Gläubigen war ein Herz und eine Seele. Keiner nannte etwas von dem, was er hatte, sein Eigentum, sondern sie hatten alles gemeinsam. Mit großer Kraft legten die Apostel Zeugnis ab von der Auferstehung Jesu, des Herrn, und reiche Gnade ruhte auf ihnen allen. Es gab auch keinen unter ihnen, der Not litt. Denn alle, die Grundstücke oder Häuser besaßen, verkauften ihren Besitz, brachten den Erlös und legten ihn den Aposteln zu Füßen. Jedem wurde davon so viel zugeteilt, wie er nötig hatte.« (Apg 4,32)

Ein beneidenswerter Zustand, den man der Welt heute auch wünschen würde, von dem diese aber meilenweit entfernt ist. Das, was die Gemeinde in Jerusalem vorgelebt hat, alles teilen, füreinander sorgen und dasein, niemanden benachteiligen, ein Herz und eine Seele sein, das findet zwar auch heute noch statt, doch leider nur im Kleinen wie bei Katrin und Heike.

Bei Adam und Eva anfangen

Wenn die Tage kürzer und die Abende dafür umso länger werden, dann kommt wieder die Zeit, in der gerne diskutiert wird – besonders gerne öffentlich. Volkshochschulen, Kulturkreise, ja sogar Banken laden Experten ein, die Vorträge über alle interessanten und weniger interessanten Dingen des Lebens halten. Kaum sind eineinhalb Stunden Zuhören vorbei, geht es munter an die Diskussion. Manche Fragen geraten dabei genauso lang wie die Antworten des Referenten, so dass der Verdacht nahe liegt, dass es den Fragestellern weniger um die Antwort als vielmehr um die Präsentation ihrer ach so klugen Frage geht. Doch es gibt auch die, die tatsächlich fragen, um etwas zu erfahren und nicht, um sich selbst in Szene zu setzen.

»Wird es der Medizin Ihrer Einschätzung nach in den nächsten Jahren gelingen, ein Mittel gegen Aids zu entwickeln?«, lautet eine solche Frage. Der Herr Professor holt aus: *»Sehen Sie, diese Frage zu beantworten ist so einfach nicht. Bevor wir uns dem Thema Aids zuwenden, lassen Sie uns einen Blick darauf werfen, wie im Mittelalter mit unbekannten Krankheiten umgegangen wurde, damals hatte man …«* Und so weiter, und so weiter. Die Höflichkeit verbietet es dabei den Zuhörern meist, den Referenten auf seine Weitschweifigkeit hinzuweisen, doch viele werden denken : *»Jetzt fängt der ja schon wieder bei Adam und Eva an.«*

Erst einmal weit ausholen, bevor eine präzise Antwort auf eine ebenso präzise Frage gegeben wird, das wird gemeinhin mit dem Hinweis auf die Anfänge von Adam und Eva kommentiert. Schon in der Bibel nehmen die Erschaffung des Menschen, das Leben im Paradies, der Sündenfall und die Vertreibung aus dem Paradies einen breiten Raum ein – im 1. Buch Mose, dem Buch Genesis.

Dort heißt es, nachdem Adam und Eva gegen Gottes Gebot vom Baum der Erkenntnis gegessen hatten:

»Und sie hörten die Stimme Gottes des Herrn, der im Garten ging, da der Tag kühl geworden war. Und Adam versteckte sich mit seinem Weibe vor dem Angesicht Gottes des Herrn unter die Bäume im Garten. Und Gott der Herr rief Adam, und sprach zu ihm: Wo bist du? Und er sprach: Ich hörte deine Stimme im Garten und fürchtete mich; denn ich bin nackt, darum versteckte ich mich. Und er sprach: Wer hat dir's gesagt, daß du nackt bist? Hast du nicht gegessen von dem Baum, davon ich dir gebot, du solltest nicht davon essen? Da sprach Adam: Das Weib, das du mir zugesellt hast, gab mir von dem Baum, und ich aß. Da sprach Gott der Herr zum Weibe: Warum hast du das getan? Das Weib sprach: Die Schlange betrog mich also, daß ich aß.« (1.Mose 1,26)

Heute ist der umgangssprachliche Rückgriff auf Adam und Eva häufig negativ besetzt. Keiner will ellenlange Ausführungen auf kurze Fragen hören, auch wenn die manchmal sogar vonnöten sind, um einige Zusammenhänge zu verstehen. Doch zum Beispiel die schlichte Frage, ob man sich für Donnerstagabend verabreden kann, wäre durchaus schnell und präzise zu beantworten: Die detaillierte Auflistung der Termine einer ganzen Woche ist dafür so überflüssig wie uninteressant und führt wieder zu Adam und Eva, bis irgendwann doch ein Ergebnis kommt *»ja, Donnerstag geht gut.«* Warum also nicht gleich so?

Nicht der wahre Jakob

Deutschland ist im ebay-Fieber. Viele tausend Mitglieder ersteigern und versteigern täglich beim weltgrößten Internet-Auktionshaus alles, was sie nur können. Kaum etwas, das es hier nicht gibt: von der Kloschüssel bis zur Karibikreise. Experten erklären sich das ebay-Fieber damit, dass Deutschland ein Volk der Schnäppchenjäger ist. Doch groß ist die Enttäuschung, wenn sich dann so manch vermeintliches Schnäppchen als Billigramsch aus Fernost entpuppt, wenn es für den Markentacker keine Klammern zu kaufen gibt oder wenn sich das nostalgische Tretauto aus Blech als dilettantisch zusammengeschweißtes Billigteil der Neuzeit erweist. Tja, Pech gehabt, das war dann mal wieder *»nicht der wahre Jakob«*.

Die Redensart vom wahren Jakob kommt aus der Bibel und hat mit einem echten Jakob zu tun, der allerdings vorgibt, ein anderer, nämlich sein Bruder Esau zu sein. Im ersten Buch Mose verkleidet sich Jakob mit Hilfe seiner Mutter Rebekka als sein Bruder Esau und erschleicht sich so von dem fast völlig erblindeten Isaak den väterlichen Erstgeburtssegen, der ihm, dem zweitgeborenen Sohn, nicht zusteht. Wörtlich heißt es in Kapitel 27:

»Und er ging hinein zu seinem Vater und sprach: Mein Vater! Er antwortete: Hier bin ich. Wer bist du, mein Sohn? Jakob sprach zu seinem Vater: Ich bin Esau, dein erstgeborener Sohn; ich habe getan, wie du mir gesagt hast; steh auf, setze dich, und iß von meinem Wildbret, auf daß mich deine Seele segne.« Und weiter: »Da sprach Isaak zu Jakob: Tritt herzu, mein Sohn, daß ich dich betaste, ob du mein Sohn Esau seist oder nicht. Also trat Jakob zu seinem Vater Isaak; und da er ihn betastet hatte, sprach er: Die Stimme ist Jakobs Stimme, aber die Hände sind Esaus Hände. Und er kannte ihn nicht.« (1.Mose 27,36)

Isaak segnete Jakob und bemerkte seinen Irrtum erst später, Jakob floh in Erwartung von Esaus Rache, doch lange Zeit später verzieh Esau seinem Bruder und sie schlossen Frieden miteinander.

Noch heute gibt es in einigen Bereichen die antiquierten Privilegien der erstgeborenen Kinder, so etwa in vielen Ländern bei der Thronfolge. Doch von Verkleidungen als Täuschungsmanöver für die eigenen Eltern weiß die Boulevardpresse nichts zu berichten.

Nichts Neues unter der Sonne

Ach, wie schön müssen sie gewesen sein, die alten Postkutschen-Zeiten, nicht so schnelllebig wie heute. Damals brauchte eine neue Nachricht Tage, wenn nicht Wochen, um sich im ganzen Land zu verbreiten. Heute scheinen uns Lichtjahre von dieser Zeit zu trennen. *»Nichts ist älter als die Zeitung von gestern«* heißt eine alte journalistische Binsenweisheit. Nachrichten verbreiten sich in Sekundenschnelle übers Radio, übers Fernsehen und Internet in der ganzen Welt.

Und doch – auch heute noch gibt es tatsächlich Zeiten, in denen so gar nichts los zu sein scheint. Zeiten, in denen verzweifelt nach einem interessanten Thema für die nächste Sendung gesucht wird. Sommerloch, Saure-Gurken-Zeit, in der wohl schon mal gestöhnt wird *»Nichts Neues unter der Sonne«*. Wenig bekannt ist der biblische Ursprung dieser Redewendung. Im Alten Testament, Prediger Salomo, Kapitel 1, denkt ein Mann über den Sinn des Lebens nach und stellt fest, dass es nichts Neues gibt:

»Was hat der Mensch für Gewinn von all seiner Mühe, die er hat unter der Sonne? Ein Geschlecht vergeht, das andere kommt, die Erde bleibt aber ewiglich. Die Sonne geht auf und geht unter und läuft an ihren Ort, daß sie wieder daselbst aufgehe. Der Wind geht gen Mittag und kommt herum zur Mitternacht und wieder herum an den Ort, da er anfing. Alle Wasser laufen ins Meer, doch wird das Meer nicht voller, an den Ort, da sie her fließen, fließen sie wieder hin. Es sind alle Dinge so voll Mühe, daß es niemand ausreden kann. Das Auge sieht sich nimmer satt und das Ohr hört sich nimmer satt. Was ist's, das geschehen ist? Eben das hernach geschehen wird. Was ist's, das man getan hat. Eben das man hernach wieder tun wird und geschieht nichts Neues unter der Sonne.« (Pred 1,9/Koh 1,9)

In der Schlussfolgerung fordert der Bibeltext: *»Fürchte Gott und halte seine Gebote, hüte Dich vor Eitelkeit und alleiniger Weisheit und hänge Dich nicht an Ruhm, Geld oder Besitz, sondern genieße die Augenblicke des Glücks.«* Für manch einen, der so nicht denkt, kann diese Erkenntnis allerdings durchaus etwas ganz und gar *»Neues unter der Sonne«* sein.

Da kräht kein Hahn nach

Schon früh wird es den Kindern in der Schule eingeimpft: Wer sich nicht redlich müht, fleißig lernt und gute Noten bekommt, der kriegt auch keinen guten Schulabschluss und ohne den gibt's auch keinen Job, keinen guten jedenfalls, keinen, der Spaß macht und keinen, der einem ein kommodes Leben sichern könnte. Wer nichts lernt, wird auch nichts, heißt es in der Kurzformel. Auf die, die sich genau darauf verlassen, Supernoten mit nach Hause bringen und mit einem prima Abschlusszeugnis freudestrahlend ins Berufsleben marschieren, wartet allerdings häufig eine herbe Enttäuschung.

Viele machen die Erfahrung, dass beim Ergattern eines begehrten Ausbildungsplatzes oft nicht das Zeugnis zählt, sondern Beziehungen, Einkommen, Macht und Einfluss der Eltern. Und so bekommt manch ein Unternehmersöhnchen eine Stelle und die mit dem Superzeugnis gehen leer aus, denn nach diesem Zeugnis, da kräht kein Hahn, es ist unbedeutend. Auch später, wenn der Einstieg ins Berufsleben erst einmal geschafft ist, stellen viele fest, dass sie nie wieder eines ihrer mühsam errungenen Zeugnisse vorzeigen müssen – *»da kräht kein Hahn nach«*.

In der Bibel, aus der diese Redewendung stammt, ist der krähende Hahn in der Leidensgeschichte Jesu zu finden. Bei Matthäus, Kapitel 26, sagt Jesus zu seinem Jünger Petrus:

*»Wahrlich, ich sage dir: In dieser Nacht, ehe der Hahn kräht, wirst du mich dreimal verleugnen.»*Petrus glaubte nicht daran und versicherte seine Treue und Loyalität bis in den Tod. Wenig später heißt es bei Matthäus: *»Petrus aber saß draußen im Hof; und es trat zu ihm eine Magd und sprach: Und du warst auch mit dem Jesus aus Galiläa. Er leugnete aber vor ihnen allen und sprach: Ich weiß nicht, was du sagst. Als er aber zur Tür hinausging, sah ihn eine andere und sprach zu denen, die da waren: Dieser war auch mit Jesus von Nazareth. Und er leugnete abermals und schwur dazu: Ich kenne den Menschen nicht. Und über eine kleine Weile traten hinzu, die da standen, und sprachen zu Petrus: Wahrlich, du bist auch einer von denen, denn deine Sprache verrät dich. Da hob er an, sich zu verfluchen und zu schwören: Ich kenne den Menschen nicht. Und alsbald krähte der Hahn. Da dachte Petrus an die Worte Jesu, da er zu ihm sagte: Ehe der Hahn krähen wird, wirst du mich dreimal verleugnen, und ging hinaus und weinte bitterlich.« (Mt 26,74)*

Mit dem Krähen des Hahns wurde vor fast 2000 Jahren auf etwas Ungeheuerliches aufmerksam gemacht: auf die Verleugnung Jesu. Wenn heute umgangssprachlich und im übertragenen Sinn nach etwas kein Hahn kräht, dann ist entweder von etwas Unwichtigem die Rede oder aber es wird etwas Wichtiges bewusst klein geredet, wenn zum Beispiel der verlassene Freund zu seiner ehemaligen Freundin sagt: *»Ob du mich nun liebst oder in China fällt ein Sack Reis um – da kräht doch kein Hahn nach.«* Solch beleidigende Rede wiederum dürfte nicht sehr dazu angetan sein, die Angebetete zurückzugewinnen, da kann der Freund krähen, solange er will!

Um Himmels willen

Der Himmel wird schon stark strapaziert in diesen Zeiten. Im Namen Gottes und des Himmels wird von den Vereinigten Staaten von Amerika ein Kreuzzug gegen die »Achse des Bösen« begonnen. Und die Gegenseite spricht von einem Heiligen Krieg, der nun angefangen hat. Große Teile der Weltöffentlichkeit stehen fassungslos da, Journalisten und Politiker suchen angestrengt nach Worten und Erklärungen und alle haben Angst vor dem, was da »um Himmels willen« noch kommen mag. Eine Angst, die selbst die patriotischsten Amerikaner noch zum Ausdruck bringen, wenn sie ihrer flammenden Rede für den Waffengang ihrer Nation ein flehendes »God bless America« hinterherschicken.

Es gibt heute kaum jemanden, der nicht den Himmel oder den lieben Gott bemüht, um seine Kriegsgründe zu legitimieren oder mit seiner Angst angesichts eines Krieges fertig zu werden. Und das ist keineswegs neu. In der Geschichte gibt es unzählige Beispiele für Kriege, die allesamt als »heilig« oder »gottgewollt« bezeichnet wurden. Nicht nur die Kreuzzüge und die großen Eroberungen waren es, die mit der »Christianisierung der Heiden« und der »Ausbreitung des rechten Glaubens« begründet wurden. Auch Kriege in jüngerer Zeit wurden für »Gott, Volk und Vaterland« geführt und Kirchen machten mit und segneten die Waffen für die großen Schlachten, denen unzählige unschuldiger Menschen zum Opfer fielen. Mittlerweile ist vielen Christen diese unrühmliche Vergangenheit bewusst geworden, sie jubeln nicht bei jedem Waffengang und versuchen auch nicht, ihn mit dem »Willen Gottes« zu verbrämen. Die Menschen sind aufgeklärter und kritischer geworden. Sie lassen sich nicht mehr so leicht vor jeden Karren der Politik spannen, der ihnen etwas als »Willen des Himmels« verkaufen will. So auch heute nicht angesichts eines Feldzugs in Nahost. Doch treffen selbst die Warnungen und Appelle aller großen Kirchen auf der Welt,

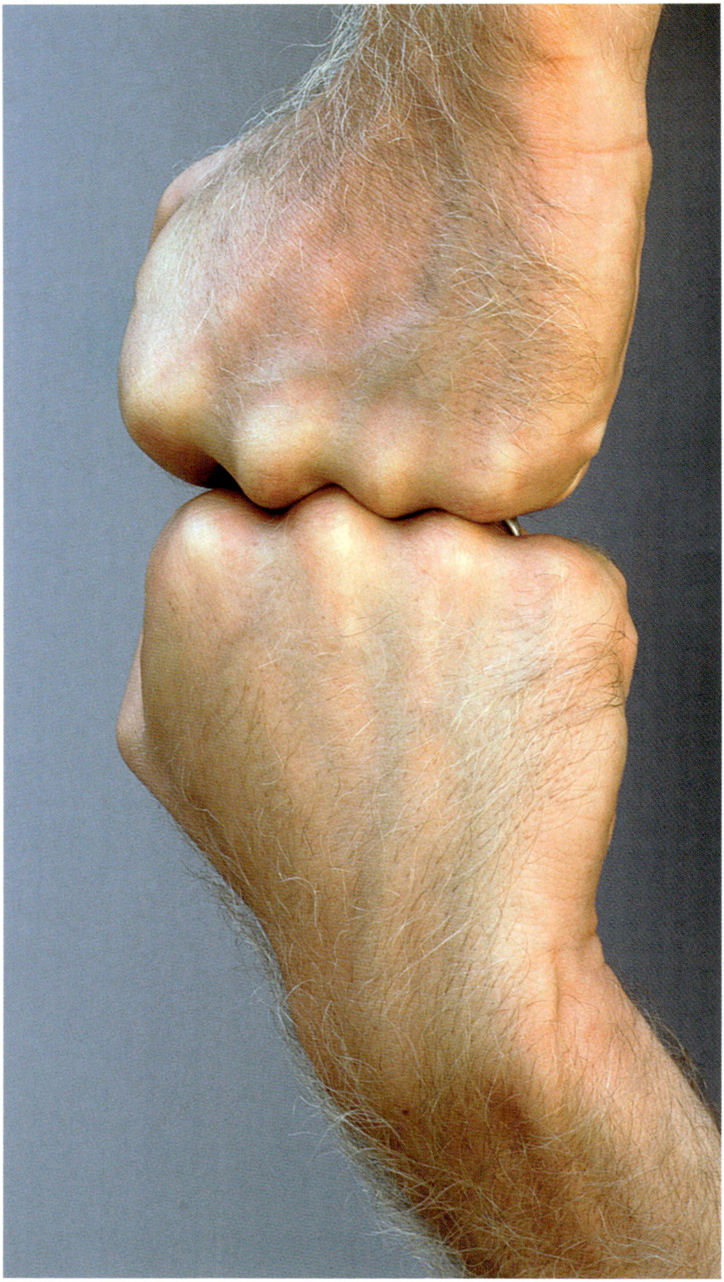

einen Krieg »um Himmels willen« zu vermeiden, eine weltweite Eskalation nicht zu riskieren, bei der US-Regierung auf taube Ohren. Sogar seine stets zur Schau getragene Gottesfürchtigkeit hat den amerikanischen Präsidenten nicht von seinem Waffengang abhalten können. Wer »um Himmels willen« kann da noch etwas tun?

Wo Tausende von Frauen, Männern und Kindern sterben, sagt man angesichts der Bilder ihrer Leichen in den Zeitungen und im Fernsehen immer wieder: »Um Gottes willen!«

Doch auch das ist völlig falsch, denn Krieg hat mit dem Willen Gottes oder des Himmels nichts zu tun, sondern nur mit dem Willen von Menschen, die »leider Gottes« nicht »willens« sind, ihre politische Macht und ihren wirtschaftlichen Einfluss anders als mittels eines blutigen Krieges durchzusetzen.

Die Letzten werden die Ersten sein

Eigentlich mag Philipp gerne rennen, turnen, schwimmen und spielen, doch den Sportunterricht in der Schule, den mag er nicht: Denn der kleine zierliche Junge kann nicht mithalten mit den anderen Kindern. Sie sind ihm körperlich überlegen. Bei Wettrennen ist er immer der Letzte, der ins Ziel kommt, Sportstunden sind ihm ein Graus. Als im Sportunterricht eines Tages ein Langlauf auf dem Programm steht, beißt Philipp die Zähne zusammen. *»Egal, wie schnell die anderen rennen, ich laufe langsam und halte durch«*, nimmt er sich vor.

Der Lauf beginnt. Im Eiltempo sausen die anderen Kinder an Philipp vorbei, der mal wieder weit abgeschlagen über die Laufbahn trabt, doch der Junge ist zäh. *»Ich will durchhalten«,* hämmert er sich immer wieder ein – und tatsächlich hält er durch und überholt in der letzten Runde einen Mitschüler nach dem anderen, die nach dem hohen Anfangstempo stehengeblieben sind und nach Luft japsen. Philipp wird Erster und strahlt. *»Na, siehst Du«,* lacht auch seine Lehrerin, *»sag' ich doch, die Letzten werden die Ersten sein.«*

Die Redewendung *»Die Letzten werden die Ersten sein«* ist eine der bekanntesten aus der Bibel und stammt aus dem Munde Jesu. Er erzählt seinen Jüngern das Gleichnis von den Arbeitern im Weinberg. Der Besitzer eines Weinbergs heuerte Menschen an, die für ihn einen Tag lang im Weinberg arbeiten sollten. Die ersten Arbeiter kamen am Morgen, die letzten am Abend, so dass einige den ganzen Tag arbeiteten und andere wiederum nur eine Stunde. Am Abend wurden zuerst die entlohnt, die zuletzt mit der Arbeit begonnen hatten, und zuletzt die, die bereits am frühen Morgen angefangen hatten. Sie alle bekamen aber den gleichen Lohn, einen Groschen, was zu Unmut bei denen führte, die mehr gearbeitet hatten. Im Matthäus-Evangelium, Kapitel 20, erzählt Jesus über die Reaktion des Weinbergbesitzers:

»Er antwortete aber und sagte zu einem unter ihnen: Mein Freund, ich tue dir nicht Unrecht. Bist du nicht mit mir eins geworden um einen Groschen? Nimm, was dein ist, und geh! Ich will aber diesem letzten geben gleich wie dir. Habe ich nicht Macht, zu tun, was ich will, mit dem Meinen? Siehest du darum scheel, daß ich so gütig bin? So werden die Letzten die Ersten und die Ersten die Letzten sein.« (Mt 20,16)

Mit diesem Gleichnis wollte Jesus ausdrücken, dass es nie zu spät ist, sich zum christlichen Glauben zu bekennen und dass die, die dies spät tun, nicht anders behandelt werden als die Christen der ersten Stunde. Im heutigen Sprachgebrauch ist der christliche Ursprung dieser Redewendung völlig verschwunden: Wer von den Letzten spricht, die die Ersten sein werden, meint dieses meist ironisch. Etwas Ungewöhnliches ist dann zufällig und überraschend eingetreten. Die Letzten sind auf Erden nämlich tatsächlich nur selten die Ersten.

Der Kelch geht an jemandem vorüber

Jakob ist ein angesehener Arzt mit einer immer überfüllten Praxis in einer kleinen Stadt. Wenn er gerade einmal nicht arbeitet, führt Jakob ein zurückgezogenes Leben mit seiner Familie.

Eines Tages wird er gebeten, doch Mitglied in einem Klub der führenden Persönlichkeiten des öffentlichen Lebens der kleinen Stadt zu werden. Jakob hält von solchen Klubs nicht viel, meint aber nach langem Zögern, diesem Ruf folgen zu müssen. Fortan werden alle Zusammenkünfte des Klubs für ihn zur gesellschaftlichen Pflichtveranstaltung. Bei einem dieser Treffen wird beschlossen, dass sich der Klub mit einem Infostand auf dem nächsten Stadtfest präsentieren wird. Dort sollen Klubmitglieder mit Büchsen herumgehen und für einen guten Zweck sammeln. Weil Jakob bisher wenig in Erscheinung getreten ist, wird er zu einem der Büchsensammler ernannt. Ihm ist das hochnotpeinlich, am liebsten hätte er tief in die eigene Tasche gegriffen und auch die anderen Spitzenverdiener seines Klubs dazu aufgefordert, damit wäre die Sache mehr als erledigt gewesen. Doch Jakob erkannte natürlich, dass dies nicht der Sinn der Aktion war und sah fortan dem Stadtfest mit Grauen entgegen. In der Woche vor dem Fest bekam er dann einen Anruf von einer Kollegin, die ihn bat, ihren Wochenenddienst mit ihm zu tauschen. Jakob jubelte innerlich und sagte sofort zu. Nun mussten die anderen Klubmitglieder alleine mit ihren peinlichen Büchsen losgehen, dieser *»Kelch war gerade noch einmal an Jakob vorübergegangen«*.

In der Bibel ist es Jesus, der am Abend vor seiner Verhaftung mit seinen Jüngern in den Garten Gethsemane geht und Gott darum bittet, ihm Leid und Tod zu ersparen. Im Matthäus-Evangelium, Kapitel 26, heißt es:

»Da sprach Jesus zu ihnen: Meine Seele ist betrübt bis an den Tod; bleibet hier und wachet mit mir! Und er ging hin ein wenig, fiel nieder auf sein Angesicht und betete und sprach: Mein Vater, ist's möglich, so gehe dieser Kelch an mir vorüber; doch nicht wie ich will, sondern wie du willst!« (Mt 26,29)

Auch in der Bibel hat der Kelch – wie auch in unserer heute noch gebräuchlichen Redewendung – eine sinnbildliche Bedeutung. Der Kelch, das Leiden, das Sterben, ging nicht an Jesus vorüber. Er wurde gekreuzigt. Die negative Bedeutung des Wortes »Kelch« hat sich bis heute gehalten, wenngleich natürlich nicht immer in ihrer dramatischsten Form. Immer ist mit der Redewendung aber etwas Unangenehmes, Negatives gemeint, das vorübergehen möge oder gegangen ist.

Jakob übrigens wollte nach diesem Erlebnis nicht noch einmal in so eine peinliche Situation kommen. Er ist aus dem Klub der Besserverdiener ausgetreten, nachdem der Kelch des Betteln-Müssens an ihm vorübergegangen war.

In Fleisch und Blut übergehen

Die Worte der Lehrerin aus ihrer Grundschulzeit waren so eindringlich, dass Corinna sie auch 30 Jahre später noch nicht vergessen hat. Im Bemühen, ihren Schülern das kleine Einmaleins beizubringen, hatte sie gesagt, dass die Kinder in der Lage sein müssten, jede Aufgabe blitzschnell zu lösen, auch wenn sie dafür mitten in der Nacht aus dem Tiefschlaf geweckt würden: *»Das kleine Einmaleins ist so wichtig, dass es Euch in Fleisch und Blut übergehen muss.«* Ihre Ermahnungen waren erfolgreich. Corinna war sich sogar sicher, dass ihre Mitschüler von damals genauso wenig wie sie diese Episode aus dem Schulleben vergessen hatten. Und auch die Formulierung, dass etwas *»in Fleisch und Blut übergehen muss«*, hatte sich seitdem eingeprägt und war *»in Fleisch und Blut übergegangen«*.

Wortwörtlich ist diese Redewendung in der Bibel nicht zu finden, sie hat sich vielmehr entwickelt aus der Formulierung *»Fleisch und Blut«*, die häufig in der Bibel vorkommt. So sagt beispielsweise Jesus im Matthäus-Evangelium zu seinen Jüngern:

»Wer sagen die Leute, daß des Menschen Sohn sei? Sie sprachen: Etliche sagen, du seiest Johannes der Täufer; andere, du seiest Elia, wieder andere, du seiest Jeremia oder der Propheten einer. Er sprach zu ihnen: Wer saget denn ihr, daß ich sei? Da antwortete Simon Petrus und sprach: Du bist Christus, des lebendigen Gottes Sohn! Und Jesus antwortete und sprach zu ihm: Selig bist du Simon, Jonas Sohn; denn Fleisch und Blut hat dir das nicht offenbart, sondern mein Vater im Himmel.«
(Mt 16,17)

Während in der Bibel der Begriff *»Fleisch und Blut«* häufig als Synonym für die Menschen in Abgrenzung zum himmlischen Vater benutzt wird, hat er in der modernen Umgangssprache eine sehr viel eingegrenztere Bedeutung bekommen. Von *»mein eigen Fleisch und Blut«* sprechen vor allem Eltern über ihre leiblichen Kinder – wenn sie sich einmal besonders pathetisch ausdrücken wollen.

Ein Buch mit sieben Siegeln

Die Sendung war komplett fertig, 55 Minuten lang, nun sollte sie nur noch einmal kopiert werden, um die letzten Schnitte zu speichern. Stundenlange Arbeit sah der Vollendung entgegen, doch der Computer weigerte sich.

»Nicht genügend Speicherkapazität vorhanden«, zeigte er lapidar an und löste damit ein verzweifeltes Stöhnen beim zuständigen Redakteur aus. Konnte die Sendung irgendwo sicher untergebracht werden, um in Ruhe durch die Löschung alter Aufnahmen ausreichend Platz für die neue Aufnahme zu schaffen? Oder würde sie dabei womöglich verloren gehen und stundenlange Arbeit für die Katz' sein? Der freundliche Herr vom Computerservice wusste Rat, die Sendung konnte gerettet werden, doch was er an guten Tipps und Ratschlägen noch mit auf den Weg gab, war zwar gut gemeint, doch ziemlich in den Wind geschossen. Das Innenleben eines Computers, gab der Redakteur unumwunden zu, sei für ihn *»ein Buch mit sieben Siegeln.«*

Die zitierten sieben Siegel finden Erwähnung im letzten Buch der Bibel, der Offenbarung des Johannes. Dort beschreibt er, wie es sein könnte, wenn Gott dereinst ein Buch in der Hand haben würde, in dem Namen von Gläubigen stehen und Ereignisse, die am jüngsten Tag stattfinden werden. In der Offenbarung, Kapitel 5, heißt es:

»Und ich sah in der rechten Hand des, der auf dem Thron saß, ein Buch, beschrieben inwendig und auswendig, versiegelt mit sieben Siegeln. Und ich sah einen starken Engel, der rief aus mit großer Stimme: Wer ist würdig, das Buch aufzutun und seine Siegel zu brechen? Und niemand im Himmel noch auf Erden noch unter der Erde konnte das Buch auftun und hineinsehen«. (Offb 5,1)

Diese Visionen des Johannes sind heute denen, die im Alltag von einem *»Buch mit sieben Siegeln«* sprechen, sicher wenig oder gar nicht geläufig. Übrigens werden moderne »sieben Siegel« nur selten gebrochen. Warum sollte sich unser Redakteur auch mit allerlei Hieroglyphen belasten, wenn doch der nette Herr vom Computerservice allzeit Rat weiß. Wie gut, dass es ihn und seine Kollegen gibt!

Ein gutes Gewissen ist ein sanftes Ruhekissen

Die Großtante war gefürchtet bei jung und alt. Nicht, dass sie einen schlechten Charakter gehabt oder sich etwa den Verpflichtungen einer guten Tante entzogen hätte, nein, da gab's keinen Grund zur Klage. Sie vergaß keinen Geburtstag, war lieb zu den Kindern und beschenkte sie reichlich. Sie konnte nur leider nicht mehr so gut hören und weigerte sich, ein Hörgerät anzuschaffen. Bei Geburtstagen und ähnlichen Familienfesten führte dies stets zu schier endlosen Monologen. Die Tante, alleinlebend, war froh, endlich einmal ihre Alltagserlebnisse loszuwerden und Menschen zum Zuhören zu haben. Da sie ihre Angehörigen aber wegen ihrer Schwerhörigkeit nicht verstehen konnte, redete sie einfach drauf los, ohne Punkt und Komma. Ihre Umgebung kostete das Nerven und die Plätze rechts und links neben Tante Elise waren nicht eben begehrt.

Dennoch wurde sie zu jedem Fest eingeladen, denn natürlich wussten alle, wie gerne die einsame Tante im Kreise ihrer Lieben war und dass sie von solchen Tagen lange schwärmte. Nie wäre jemand aus der Familie ernsthaft darauf gekommen, Tante Elise nicht einzuladen. Auch wenn sie nervte, war es letztlich doch ein schönes Gefühl, der Tante etwas Gutes zu tun. Sie nicht einzuladen, hätte allen ein schlechtes Gewissen bereitet. Da hielten sie es lieber mit dem Spruch *»Ein gutes Gewissen ist ein sanftes Ruhekissen«,* bereiteten der Tante einen netten Nachmittag und fühlten sich selber gut dabei.

Vom Segen eines guten Gewissens ist auch in der Bibel schon die Rede. In der Apostelgeschichte beschreibt Lukas, wie Paulus, der geborene Römer, auf seiner Missionsreise verhaftet und vor den Hohen Rat geführt wird:

»Paulus aber sah den Hohen Rat an und sprach: Ihr Männer, liebe Brüder, ich bin mit allem guten Gewissen gewandelt vor Gott bis auf diesen Tag.« (Apg 23,1)

Das gute Gewissen hat sich im Sprachgebrauch etabliert, vermutlich war es der Volksmund, der später mit dichterischer Ader auf Gewissen Kissen reimte und daraus *»Ein gutes Gewissen ist ein sanftes Ruhekissen«* machte. So wie diese aus der Bibel hervorgegangene Redewendung sind auch die weltlichen Sprichwörter entstanden: Einfache, aber deshalb nicht weniger richtige Lebensweisheiten sind allgemeinverständlich, kurz und knapp zu Sprüchen verarbeitet worden, deren Inhalt inzwischen so selbstverständlich ist, dass sie vor allem von jüngeren Menschen häufig als überflüssige Binsenweisheiten abgetan werden.

Der Glaube versetzt Berge

Das kleine Mädchen hatte Warzen unter den Füßen. Eine von ihnen fing an, beim Laufen weh zu tun, deshalb war die Mutter mit ihrer Tochter zum Kinderarzt gegangen. Dort traute sie ihren Ohren kaum. *»Warzen lassen sich doch auch besprechen«,* sagte der Doktor zu der Frau, die einen Moment lang völlig sprachlos war. *»Natürlich«,* fuhr der Arzt fort, *»besonders Kinder sind der Suggestion zugänglich, das klappt tatsächlich.«*

Das Phänomen, das der Mediziner angesprochen hat, ist in der Wissenschaft hinlänglich bekannt. Immer wieder gibt es Schilderungen von Menschen, die durch so genannte Wunderheiler von schwersten Leiden geheilt wurden, ein Filmemacher berichtete begeistert über die Erfolge von Schamanen, die er auf der ganzen Welt besucht hatte, Mediziner geben Medikamente ohne Wirkstoffe, so genannte Placebos, und die Patienten werden gesund. All diese Beispiele zeugen vor allem von der Kraft des Geistes. Wer daran glaubt, dass ihm eine bestimmte Person, eine bestimmte Behandlungsweise oder ein bestimmtes Medikament hilft, der kann tatsächlich gesund werden – umgekehrt haben es Mediziner schwer mit den Menschen, die sich bereits aufgegeben haben. Es ist der Glaube, der die Heilung bringen, der sprichwörtlich Berge versetzen kann.

In der Bibel ist es der Glaube an Gott, der Berge versetzt. Im Neuen Testament, im ersten Brief an die Korinther, heißt es in Kapitel 13, dem Hohelied der Liebe:

»Ich zeige euch jetzt noch einen anderen Weg, einen, der alles übersteigt: Wenn ich in den Sprachen der Menschen und Engel redete, hätte aber die Liebe nicht, wäre ich dröhnendes Erz oder eine lärmende Pauke. Und wenn ich prophetisch reden könnte und alle Geheimnisse wüsste und alle Erkenntnis hätte; wenn ich alle Glaubenskraft besäße und Berge damit versetzen könnte, hätte aber die Liebe nicht, wäre ich nichts.« (1.Kor 13,2)

Auch der Glaube an sich selber kann Berge versetzen, sorgt er doch für ein starkes Selbstbewusstsein, das zum Beispiel bei Prüfungen, Einstellungsgesprächen und ähnlichem nur nützlich sein kann. Wer felsenfest davon überzeugt ist, eine Prüfung zu schaffen oder einen Job zu bekommen, dem wird das sicher nicht immer gelingen, aber sehr viel wahrscheinlicher als dem, der nicht an sich glaubt und entsprechend auftritt.

Jemanden zum Sündenbock machen
In die Wüste schicken

Hätte er sich doch nur ein bisschen mehr mit der Bibel beschäftigt, vielleicht wäre dann der Quizkandidat von Günter Jauch heute Millionär. Die Frage, an der der junge Mann gescheitert ist, lautete: *»Welches Tier wurde mit Sünden beladen in die Wüste geschickt?« Antwort A: Hengst, B: Ziegenbock, C: Schwein oder D: Maulesel.* Der Kandidat tippte auf den Maulesel und musste mit nur 500 Euro nach Hause gehen. Pech für ihn. Dabei hätte ihn schon die durchaus übliche Redewendung auf die richtige Antwort bringen können: *»Jemanden zum Sündenbock machen«.* Sie bezeichnet in unserer Umgangssprache einen Menschen, der von anderen zum Verantwortlichen für irgendeine Tat oder irgendein Übel gemacht wird, für das er eigentlich gar nichts oder zumindest allein nichts kann. Oft wird dann dieser Sündenbock auch gleich noch *»in die Wüste geschickt«.* Zumindest auf der politischen Bühne ist das immer wiederkehrende Praxis.

Genauso wie es mit dem Ziegenbock geschieht, über den im 3. Buch Mose, dem Buch Levitikus, Kapitel 16, in der Einheitsübersetzung geschrieben steht:

»Aaron soll seine beiden Hände auf den Kopf des lebenden Bockes legen und über ihm alle Sünden der Israeliten, alle ihre Frevel und alle ihre Fehler bekennen. Nachdem er sie so auf den Kopf des Bockes geladen hat, soll er ihn durch einen bereitstehenden Mann in die Wüste treiben lassen, und der Bock soll alle ihre Sünden mit sich in die Einöde tragen. Hat er den Bock in die Wüste geschickt, dann soll Aaron wieder in das Offenbarungszelt gehen…« (3.Mose, 16,21/Lev 16,10)

Ein Offenbarungszelt war die Arena der Günter Jauch-Show gewissermaßen auch. Allerdings auf eine etwas andere Art und Weise, denn erstaunlich bei dieser eigentlich doch so einfachen Quizfrage war die Unwissenheit des Publikums im Saal. 64 Prozent hatten auch auf den Maulesel getippt, der mit Sünden beladen in die Wüste geschickt worden sein soll. Was wohl Rückschlüsse auf die Bibelfestigkeit vieler Zeitgenossen zulässt … Eines jedoch sollte der enttäuschte junge Quizkandidat nicht aus dieser falschen Hilfestellung ableiten, die ihn in die Wüste schickte: Er sollte sein Publikum nicht zum Sündenbock für seine eigene Unwissenheit machen.

Hochmut kommt vor dem Fall

Der Kneipentresen ist sein Revier. Fast allabendlich sitzt er hier und erzählt und zwar hauptsächlich über sich. Dass er die große Stadt verlassen hat, um in der kleinen endlich die verdiente Ruhe zu finden. Was er in der großen Stadt so alles Tolles geleistet hat, was er in der kleinen Stadt vor hat, wie toll seine Kinder sind, wie toll sein Haus, wie toll sein Leben – und überhaupt, wie glücklich sich die kleine Stadt schätzen muss, einen wie ihn von nun an in ihren Mauern beherbergen zu dürfen.

Der Neueinwohner der kleinen Stadt dröhnt und tönt, weiß alles besser und merkt nicht einmal, wie sehr er sich dabei über andere erhebt, deren Meinung ihn überhaupt nicht interessiert; was ist diese schließlich gegen seine? Ein solches Verhalten ist dazu angetan, Schadenfreude zu erzeugen, wenn dem, der sich für den Größten hält, etwas misslingt. *»Hochmut kommt vor dem Fall«* wird sich da manch genervter Kneipenbesucher sagen und sich insgeheim über das erste Missgeschick des ungebetenen Gastes freuen. Schon die Bibel kannte die hochmütigen Zeitgenossen, allerdings meint sie damit Menschen, die sich für wichtiger halten als Gott. Im Buch der Sprüche Salomos, Kapitel 16, heißt es:

»Nimm an die Weisheit, denn sie ist besser als Gold; und Verstand haben ist edler als Silber. Der Frommen Weg meidet das Arge, und wer seinen Weg bewahrt, der erhält sein Leben. Wer zu Grunde gehen soll, der wird zuvor stolz; und Hochmut kommt vor dem Fall.« (Spr 16,18)

Heute sind mit den Hochmütigen nicht die gemeint, die sich über Gott erheben, sondern jene, die sich ihren Mitmenschen überlegen fühlen. Und wenn einer von ihnen fällt, ihm also ein Missgeschick oder Schlimmeres passiert, dann wundert er sich darüber, dass er so viel Schadenfreude damit auslöst. Und nur wenige kommen zur Einsicht, dass ihr eigenes Verhalten diese Schadenfreude hervorgerufen haben könnte. Die meisten werden die Schuld nur bei den anderen suchen. Und so ist schon manch ein mit großen Worten und Absichten Zugereister nach kurzer Zeit zutiefst enttäuscht wieder dorthin zurückgegangen, wo er hergekommen war. Denn einen wie ihn hatte die kleine Stadt nun wirklich nicht verdient.

Geiz ist die Wurzel aller Übel

Ein bisschen unglücklich steht das kleine Mädchen in der Zahnarztpraxis. Gerade eben ist ihm ein Löchlein im Zahn gefüllt worden. Nun, nach überstandener Behandlung, darf es sich ein Plastikteil zur Belohnung aussuchen. Das Mädchen schaut in den dargebotenen Karton und erblickt Autos, Geduldsspiele, kleine Haarspangen, nicht identifizierbare Phantasietiere, alles winzig klein, im Einkauf wirklich nur Pfennigartikel. Haarspange oder blaues Phantasietier? Das Mädchen kann sich einfach nicht zwischen diesen zwei Dingen entscheiden. Hilfesuchend blickt es zur Zahnärztin, die neben ihr steht, und zu deren Helferinnen, doch vergeblich.

Statt des erhofften Satzes »*Na, dann nimm mal ausnahmsweise beide*« sagt die Zahnärztin freundlich, aber bestimmt: »*Du kannst ja das eine Teil nehmen, das andere lege ich Dir in die Karteikarte, das kriegst Du dann beim nächsten Mal.*« Das Mädchen ist zutiefst enttäuscht, die Mutter sprachlos vor Empörung über so viel Geiz ausgerechnet bei einer Zahnärztin, die zweifellos zu den Besserverdienenden dieser Gesellschaft gehört. Das Phänomen des Geizes kennt auch schon die Bibel, dort wird der Geiz mit Habsucht bezeichnet und entsprechend bewertet.

»Habsucht ist die Wurzel aller Übel« heißt es im ersten Brief des Apostel Paulus an Timotheus:

»Die Frömmigkeit bringt in der Tat reichen Gewinn, wenn man nur genügsam ist. Denn wir haben nichts in die Welt mitgebracht, und wir können auch nichts aus ihr mitnehmen. Wenn wir Nahrung und Kleidung haben, soll uns das genügen. Wer aber reich werden will, gerät in Versuchungen und Schlingen, er verfällt vielen sinnlosen und schädlichen Begierden, die den Menschen ins Verderben und in den Untergang stürzen. Denn die Wurzel aller Übel ist die Habsucht.« (1.Tim 6,10)

Geizige, habsüchtige Menschen machen ihren Mitmenschen das Leben schwer. Sie sind unbeliebte Zeitgenossen, oft ohne es zu merken. Jeder kennt solche Menschen und Geschichten über deren kleingeistiges Verhalten. Ein großes Herz haben erstaunlicherweise oft die Menschen, die eigentlich tatsächlich jeden Cent zweimal umdrehen müssten. Und manchmal mutet es fast schon skurril an, wie sich Mitmenschen verhalten, die noch nicht einmal jede Million umdrehen müssten. So wird von Formel 1-Weltmeister Michael Schumacher erzählt, dass er seine Marmelade in Deutschland kauft und sie zu seinem Wohnort in die Schweiz mitnimmt, denn dort kostet die Marmelade ein paar Cent mehr …

Im Dunkeln tappen

Es waren zwei Männer, die 2002 wochenlang die USA in Angst und Schrecken versetzt haben. Die so genannten Heckenschützen erschossen im Großraum Washington dreizehn Menschen aus dem Hinterhalt. Vorgegangen seien sie wie Soldaten, soll einer der beiden Täter in den Vernehmungen geprahlt haben, einer sei Späher gewesen, der andere habe aus dem eigens dafür umgebauten Auto heraus geschossen.

Beiden Männern wird der Prozess gemacht, beiden droht die Todesstrafe. Die Polizei musste dieser Gewaltserie lange hilflos zusehen, erst ein Anruf einer der beiden Täter soll sie nach Wochen auf ihre Spur gebracht haben. Vorher tappten die Polizisten im Dunkeln und mussten sich darauf beschränken, der verängstigten Bevölkerung Verhaltensmaßregeln zu empfehlen. Die Redewendung *»Im Dunkeln tappen«* hat ihren Ursprung in der Bibel. Im fünften Buch Mose, dem Deuteronomium, wird denen, die nicht auf Gottes Wort hören und seine Gesetze nicht befolgen, mit dem Fluch für Ungehorsam gedroht:

»Der Herr schlägt dich mit Wahnsinn, Blindheit und Irresein. Am hellen Mittag tappst du im Dunkel wie ein Blinder. Deine Wege führen nicht zum Erfolg. Dein Leben lang wirst du ausgebeutet und ausgeraubt und keiner hilft dir.«
(5.Mose, 28,29)

Wer heute im Dunkeln tappt, der will damit ausdrücken, dass er etwas herausfinden möchte, ohne so recht zu wissen wie. Vorwiegend benutzt wird die Redewendung im kriminalistischen Bereich. Wenn ein Fall gelöst werden soll und es noch keine Anhaltspunkte oder Hinweise auf den oder die Täter gibt, dann tappt die Polizei im Dunkeln. Daran angelehnt wird der Spruch natürlich auch gerne und häufig in der Kriminalliteratur gebraucht. Dabei tappen die ermittelnden Kommissare keineswegs nur zwischen den Buchdeckeln im Dunkeln, manche werden von ihren geistigen Schöpfern sogar schon auf dem Cover bloßgestellt. Georges Simenon beispielsweise blamierte seinen Helden mit dem Titel *»Maigret tappt im Dunkeln«,* aber wie wir den tapferen Kommissar kennen, wird er den Fall schon noch rechtzeitig vor der letzten Zeile des Buches gelöst haben.

Seine Zunge im Zaum halten

Früher fanden alle Karl mal ganz nett. Doch irgendwann wurde er unzufrieden mit sich, mit seinem Leben und fing an, seinen gesamten Frust an seiner Umgebung auszulassen. Seine scharfe Zunge war gefürchtet, nichts und niemand fand Gnade vor seinen Augen, immer hatte er etwas zu meckern und zu kritisieren. Langsam wurde es einsam um Karl. Als er daraufhin seine permanent schlechte Laune immer mehr an seiner Frau ausließ, hatte die irgendwann die Faxen dicke. Sie trennte sich von ihrem Mann, mit dem sie es 20 Jahre ausgehalten hatte.

Karl war nun ganz allein. Nachdem er ein paar Wochen lang seinen Kummer ertränkt hatte, bat er seine Frau um eine Aussprache. Zum ersten Mal seit Jahren hörte Karl zu, fing langsam an zu begreifen, wie sehr er seine Umwelt mit seiner schlechten Laune genervt und vor allem, wie sehr er seine Frau mit seinen Worten und andere mit seinem Verhalten verletzt hatte. Gemeinsam beschlossen sie, aus Karl wieder den freundlichen Menschen von einst zu machen, einen, der die Kunst der Diplomatie beherrscht, der seine Meinung nicht jedem gleich an den Kopf knallt. Er lernte, *»seine Zunge im Zaum zu halten«* – die Ehe konnte gerade noch gerettet werden.

Von der Macht der Worte weiß schon die Bibel zu berichten. Jakobus fordert in seinem Brief, Kapitel 1, Zorn zu vermeiden, da die Menschen, wenn sie zornig sind, schnell unbedachte Worte sagen:

»Denkt daran, meine geliebten Brüder: Jeder Mensch soll schnell bereit sein zu hören, aber zurückhaltend im Reden und nicht schnell zum Zorn bereit; denn im Zorn tut der Mensch nicht das, was vor Gott recht ist (…) Hört das Wort nicht nur an, sondern handelt danach; sonst betrügt ihr euch selbst. Wer das Wort nur hört, aber nicht danach handelt, ist wie ein Mensch, der sein eigenes Gesicht im Spiegel betrachtet: Er betrachtet sich, geht weg und schon hat er vergessen, wie er aussah. Wer sich aber in das vollkommene Gesetz der Freiheit vertieft und an ihm festhält, wer es nicht nur hört, um es wieder zu vergessen, sondern danach handelt, der wird durch sein Tun selig werden. Wer meint, er diene Gott, aber seine Zunge nicht im Zaum hält, der betrügt sich selbst und sein Gottesdienst ist wertlos.« (Jak 1,26)

»Seine Zunge im Zaum zu halten«, ist ein guter Ratschlag. Wer jedem immerzu seine Meinung ins Gesicht schleudert, findet sich dabei selbst häufig unwiderstehlich. Dabei entgeht ihm leider, dass seine Umgebung ihn für das hält, was er dann eigentlich ist – ein Kotzbrocken. Und wer will das schon gerne sein?

Mit etwas schwanger gehen

Die Familie war sich einig: Es sollte ein richtig schönes geräumiges Auto sein, das da demnächst angeschafft werden würde: ein bisschen erhöht sitzen, mit einem Tisch für die Kinder zum Spielen, und wenn man mal drin übernachten könnte, wär's auch ganz schön. Ganz klar, dass diese Vorgaben auf Autos hinausliefen, die man früher als »Bulli« bezeichnet hätte, die heute allerdings auf den ungleich schickeren Namen »Van« hören. Eigentlich stand die Entscheidung von vornherein fest, doch der von allen auserkorene Favorit war nicht nur ungleich besser als alle anderen, sondern eben auch ungleich teurer.

Und dann begann eine lange Zeit, in der über viele Monate hinweg immer wieder Probe gefahren wurde, deutsche Modelle genauso wie ausländische, immer in der Hoffnung, ein günstigeres Auto mit denselben Vorteilen zu finden, natürlich vergeblich. Nach fast einem Jahr wurde dann doch der ursprüngliche Favorit gekauft, und angesichts des enorm hohen Preises wurde bei der stolzen Präsentation des Vorzeigeautos immer wieder betont, wie schwer man sich doch mit dieser teuren Entscheidung getan habe, wie lange man damit *»schwanger gegangen«* sei.

In der Bibel ist es Eliphas, der den klagenden Hiob zurechtweist und das Unheil der gottlosen Menschen schildert, die ebenfalls mit etwas schwanger gegangen sind:

»Er wird ein Ende nehmen vor der Zeit; und sein Zweig wird nicht grünen. Er wird abgerissen werden wie eine unzeitige Traube vom Weinstock, und wie ein Ölbaum seine Blüte abwirft. Denn der Heuchler Versammlung wird einsam bleiben; und das Feuer wird fressen die Hütten derer, die Geschenke nehmen. Sie gehen schwanger mit Unglück und gebären Mühsal, und ihr Schoß bringt Trug.« (Hiob 15,35)

Die Redewendung *»Mit etwas schwanger gehen«* erfreut sich heute nach wie vor ungetrübter Beliebtheit. Kann sie doch so schön ausdrücken, wie schwer man sich getan hat, bevor etwas so oder anders entschieden worden ist. Gewollt oder ungewollt schützt sich ihr Benutzer damit auch vor allzu viel Kritik, denn über eine umstrittene Entscheidung, zum Beispiel in der Politik, dürfen die Gegner eigentlich nicht zu sehr herziehen, dafür ist der Entscheidungsträger einfach zu lange *»schwanger gegangen«* mit ihr.

Ein Lippenbekenntnis ablegen

Wenn Autofahrer wochenlang, wann immer sie unterwegs sind, von überdimensional großen Damen und Herren von Plakaten herab angelächelt werden, dann merkt auch der letzte von ihnen, der sich überhaupt nicht für Politik interessiert, dass wieder Wahlen vor der Tür stehen. Das sind schwere Zeiten für die Damen und Herren Politiker, hält sie der Wahlkampf doch von den wichtigen Dingen ihres Politiker-Lebens ab.

Allerorten gilt es nun, politische Ziele und Ideale zu verkünden. Kein Problem, es muss ja nur geredet werden. Dumm nur, dass die Wähler nach der Wahl verlangen, dass die Wahlversprechen auch in die Tat umgesetzt werden. Nun wird es schwierig. Oftmals haben die Politiker den Mund zu voll genommen. Für das, was dem Wahlvolk versprochen wurde, ist häufig kein Geld da. Die Wähler sind dann zurecht verärgert und sprechen von Lippenbekenntnissen, die die Politiker da abgelegt haben. Mit diesen Lippenbekenntnissen befinden sich die Volksvertreter in biblischer Gesellschaft. Schon der Prophet Jesaja kritisiert in der Bibel, dass das Volk Israel seinen Gott nur mit den Lippen ehrt. In Kapitel 29 droht der Prophet wörtlich:

»Der Herr sagte: Weil dieses Volk sich mir nur mit Worten nähert und mich bloß mit den Lippen ehrt, sein Herz aber fern hält von mir, weil seine Furcht vor mir nur auf einem angelernten menschlichen Gebot beruht, darum will auch ich in Zukunft an diesem Volk seltsam handeln, so seltsam, wie es niemand erwartet. Dann wird die Weisheit seiner Weisen vergehen und die Klugheit seiner Klugen verschwinden.« (Jes 29,13)

Ob es bei vielen Politikern heute nur eine riesige Kluft gibt zwischen dem Wollen und dem Handeln oder ob es sogar mit dem Wollen gar nicht so weit her ist – das sei dahingestellt. Messen lassen müssen sie sich auf jeden Fall an ihren Taten. Und da wird schon so mancher Politiker froh gewesen sein, dass nicht nach einigen Monaten noch einmal gewählt wird – viele von ihnen würden eine solche Wahl nicht mehr gewinnen.

Das Land, in dem Milch und Honig fließen

Honig und Milch stehen auf dem Einkaufszettel, den ich in den Supermarkt mitgenommen habe; aber nicht allein, sondern inmitten einer langen Liste mit anderen Lebensmitteln. Vor mehr als 3000 Jahren war das anders, damals galten Milch und Honig als Synonyme für ein gelobtes Land, in dem es für jeden genug zu essen, mithin keine Hungersnöte und keine Existenzsorgen gab. In so ein Land wollte Gott die Juden führen. Im reichen Ägypten waren sie Sklaven und mussten Hunger leiden.

Als Retter der Juden erwählte Gott Moses, der sein Volk ins Gelobte Land führen sollte. Im Zweiten Buch Mose, dem Buch Exodus, heißt es in Kapitel 3:

»Und der Herr sprach: Ich habe gesehen das Elend meines Volks in Ägypten und habe ihr Geschrei gehört über die, so sie drängen; ich habe ihr Leid erkannt und bin herniedergefahren, daß ich sie errette von der Ägypter Hand, und sie ausführe aus diesem Lande in ein gutes und weites Land, in ein Land, darin Milch und Honig fließt,...« (2.Mose 3,8)

Und mit Gottes Hilfe führte Moses die Juden nach Israel, das noch heute als Gelobtes Land gilt. Gleichwohl hat sich auf der Welt seit mehr als 3000 Jahren in Bezug auf Armut und Reichtum nicht viel verändert, im Gegenteil: Während es einer Minderheit der gesamten Menschheit materiell gut geht, leben die meisten Menschen in grenzenloser Armut und wissen kaum, wovon sie sich und ihre Kinder satt bekommen sollen. Wenn es diese Menschen als Asylbewerber in die reichen Industrieländer treibt, sollte das niemanden wundern, und vielleicht wäre bei diesen Menschen nicht das Wort *»Wirtschaftsflüchtlinge«* angebracht, sondern eher das biblische, christliche Wort der *»Nächstenliebe«*.

Mehr Schulden als Haare auf dem Kopf haben

Die Wirtschaft lahmt, das Leben wird immer teurer, der Euro tat sein übriges: Jeder hält sein Geld zusammen so gut er kann und muss am Monatsende doch feststellen, dass ihm weniger bleibt als früher. Und dennoch, obwohl das Geld knapp wird, wie es salopp formuliert heißt, war es noch nie so leicht wie heute, an Geld zu kommen.

Banken gewähren relativ großzügige Kredite und dann gibt es da noch die Kredithaie: Sie schlagen richtig zu, sie bieten viel Geld sofort für horrende Zinsen. Auch für Jugendliche sind solche Angebote verlockend, denn sie wollen auf Handys und kostspielige Hobbys nicht verzichten, und so schnappt die Kreditfalle immer wieder zu. Schuldenberatungsstellen haben einen nie zuvor gekannten Zulauf. Landläufig wird dann gesagt *»Der hat ja mehr Schulden als Haare auf dem Kopf«*. Auch dieser Spruch hat sich aus der Bibel entwickelt. Im Psalm 40 ist noch von Sünden die Rede, deren Zahl größer ist als die Zahl der Haare auf dem Kopf. Wörtlich heißt es dort:

»Deinen Willen zu tun, mein Gott, macht mir Freude, deine Weisung trag ich im Herzen. Gerechtigkeit verkünde ich in großer Gemeinde, meine Lippen verschließe ich nicht; Herr, du weißt es. Deine Gerechtigkeit verberge ich nicht im Herzen, ich spreche von deiner Treu und Hilfe, ich schweige nicht über deine Huld und Wahrheit vor der großen Gemeinde. Du, Herr, verschließ mir nicht dein Erbarmen, deine Huld und Wahrheit mögen mich immer behüten! Denn Leiden ohne Zahl umfangen mich, meine Sünden holen mich ein, ich vermag nicht mehr aufzusehn. Zahlreicher sind sie als die Haare auf meinem Kopf.« (Ps 40, 13b)

Die Redewendung hat sich nicht mit Sünden, sondern nur abgewandelt in Verbindung mit Schulden durchgesetzt. Wohl dem, der eine Glatze hat, könnte man witzeln, doch das Thema Schulden ist dafür viel zu ernst. Wer vor lauter Schulden nicht mehr aus noch ein weiß, wer sich abgezockt fühlt und prüfen will, ob er dagegen rechtliche Schritte einleiten kann, der sollte sich unverzüglich an eine Schuldenberatungsstelle wenden.

Wer andern eine Grube gräbt, fällt selbst hinein

Der Beginn des Mietverhältnisses war für beide Seiten angenehm. Die Vormieter hatten den Garten verwahrlosen lassen, die neuen Mieter wollten ihn wieder in Ordnung bringen. Dafür gewährte ihnen der Vermieter zwei Jahre lang einen Mietnachlass von insgesamt 5.000 Euro. Doch nichts geschah, der Garten blieb, wie er war – sehr ärgerlich für den Vermieter. Noch ärgerlicher wurde es nach Ablauf der zwei Jahre, denn nun wäre die volle Miete fällig gewesen. Doch die Mieter, von denen vorher nichts zu hören war, ersannen einen Mangel nach dem anderen, um die Miete zu mindern. Als es um die Beseitigung von Salpeter im Keller ging, entschloss sich der Vermieter völlig entnervt, tief in die Tasche zu greifen und für 30.000 Euro grundlegend zu sanieren: wohlmeinend, damit nun endlich den Ansprüchen der Mieter zu entsprechen, doch nichts da. Als die Bauarbeiter nach Vorankündigung anrückten, ging einer der Mieter mit einem Stein auf sie los, drohte mit Polizei und Verhaftungen.

Jetzt reichte es dem Vermieter. Der sonst eher gutmütige Mann zog vor Gericht. Ergebnis: Die Baumaßnahme muss geduldet werden, die Verfahrenskosten werden geteilt und die Mietrückstände müssen ausgeglichen werden.

»Wer andern eine Grube gräbt, fällt selbst hinein«, sagt der Volksmund zu solchen Beispielen, und weiß sich einmal mehr im Einklang mit der Bibel, wo es im Alten Testament bei Jesus Sirach, Kapitel 27, zum Thema *»Die Lauterkeit und die Wahrhaftigkeit«* heißt:

»Wer mit dem Auge zwinkert, plant Böses, wer einen solchen Menschen sieht, hält sich von ihm fern. Ins Gesicht hinein macht er dir schöne Worte und bewundert deine Reden; nachher aber dreht er seine Worte um und bringt dich durch deine eigenen Worte zu Fall. Vieles ist mir verhasst, aber nichts so wie er, auch der Herr wird ihn hassen. Wer einen Stein hochwirft, auf den fällt er zurück, wer hinterlistig schlägt, verwundet sich selbst. Wer eine Grube gräbt, fällt selbst hinein.« (Sir 27,29)

Sich von solchen Menschen fernhalten, das will auch unser Vermieter in Zukunft, doch das ist leichter gesagt als getan, denn nicht immer sind solche Menschen sofort zu erkennen. Und unser Beispiel zeigt uns auch, dass das Schwarz-Weiß-Denken, die Kategorisierung von Menschen, fehl am Platze ist: Nicht immer sind die Vermieter die Bösen und nicht immer sind die Mieter die Guten. Unser Vermieter hat indes die Nase voll: Er will das Haus, an dem er eigentlich hängt, das er sechzehn Jahre lang an nette, liebe Menschen vermietet hatte und in dem er später selbst wieder wohnen wollte, nun verkaufen.

Jemanden unter seine Fittiche nehmen

Für den Lehrjungen ist heute der allererste Arbeitstag. Vor drei Wochen ging er noch zur Schule, da war alles vertraut. Jetzt wartet die Arbeitswelt auf ihn. Wer und was da allerdings genau wartet, das ahnt er bestenfalls. Er kennt seine neue Firma nur von außen, er kennt keine Kollegen, er weiß nicht, was er am ersten Tag machen soll. Unsicher betritt er den Raum. *»Wenn ich hier nur jemanden hätte, der mir helfen könnte«*, denkt er gerade, als ein älterer, freundlich aussehender Mann auf ihn zukommt.

Er stellt sich als sein Ausbildungsleiter Müller vor und sagt: *»Wissen Sie was, in ein paar Wochen haben Sie sich hier längst eingewöhnt. Bis dahin nehme ich Sie einfach ein bisschen unter meine Fittiche und zeige Ihnen alles, was Sie für den Anfang wissen müssen.«* Er klopft ihm aufmunternd auf die Schulter: *»Gemeinsam schaffen wir das schon«*. Die netten Worte verfehlen ihre Wirkung nicht. Sie sind genau das, was der Lehrjunge in diesem Moment braucht. Er fühlt sich nun schon wesentlich besser, weil er jemanden hat, der ihm hilft, ihn beschützt, ihn unter seine Fittiche nimmt.

Fittiche – so heißt der veraltete Begriff für Flügel. Sie kommen auch in der Bibel häufiger vor, so zum Beispiel im Psalm 61, wo es heißt:

»Höre, Gott, mein Schreien und merke auf mein Gebet! Hienieden auf Erden rufe ich zu dir; wenn mein Herz in Angst ist, du wollest mich führen auf einen hohen Felsen. Denn du bist meine Zuversicht, ein starker Turm vor meinen Feinden. Laß mich wohnen in deiner Hütte ewiglich und Zuflucht haben unter deinen Fittichen«. (Ps 61,5)

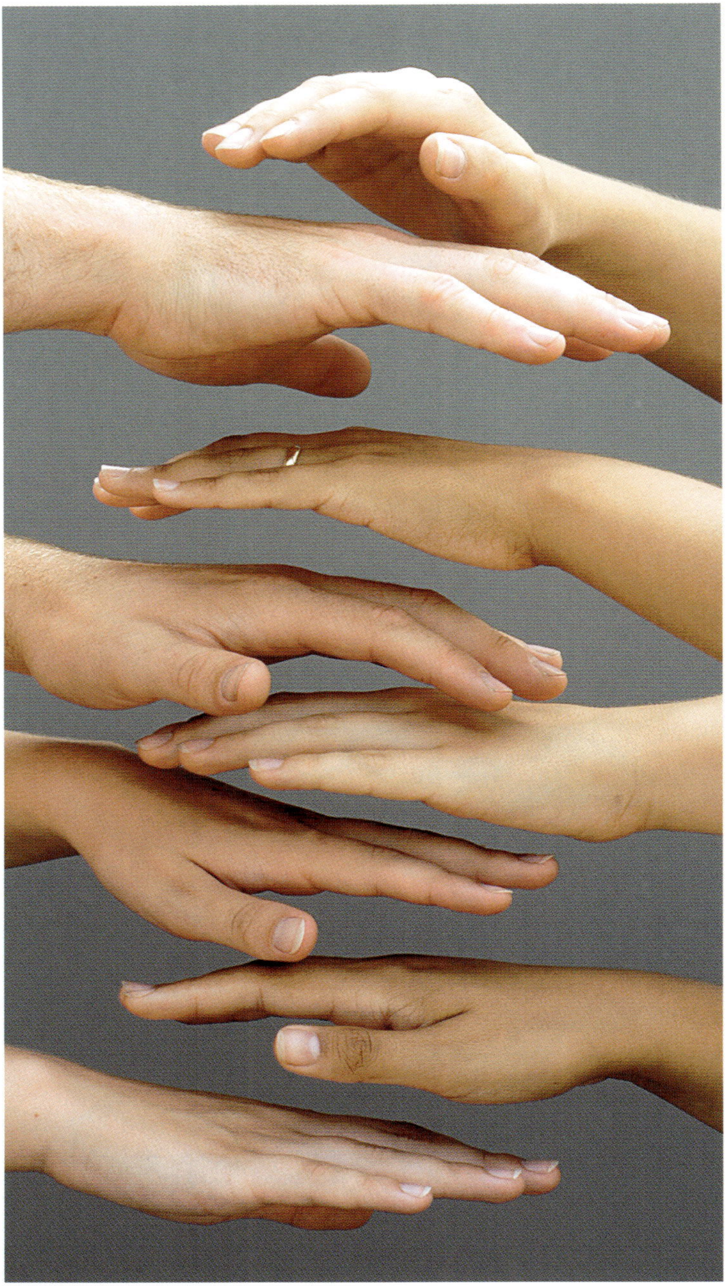

Die Fittiche haben bis heute ihre Bedeutung nicht verloren. Wenngleich der Spruch *»Den nehme ich mal unter meine Fittiche«* manchmal sehr flapsig dahin gesagt wird, so sind die geweckten Assoziationen immer positiv. So wie die Vögel ihre Jungen unter ihren Federn schützen, so behütet der Ausbildungsleiter seinen Lehrjungen, und so behütet Gott die Gemeinschaft der Gläubigen.

Mit Engelszungen reden

Es gibt Ereignisse im Leben, negative, die man kommen sieht, die man aber gleichwohl nicht zu verhindern vermag. So geschehen bei Werner, der überraschend eine auf den ersten Blick nicht uninteressante Arbeit in der Provinz angeboten bekam. Werner, der eingefleischte Großstädter, nahm das Angebot an und zog aufs Land. Für Außenstehende war klar, dass das nicht gutgehen konnte. Sie ahnten mit einer dumpfen Gewißheit, dass Werner auf absehbare Zeit Arbeit und Landleben satt haben würde. Mit Engelszungen redeten seine Freunde auf ihn ein, doch ja seine Wohnung in der Großstadt nicht aufzugeben und wenigstens ein paar Monate lang – vorsichtshalber – doppelt Miete zu zahlen, für die alte und für die neue Wohnung.

Doch die Engelszungen halfen nicht. Statt sich ein bisschen Zeit zu gönnen, um zu prüfen, wie er mit der neuen Arbeit und dem ungewohnten Leben zurechtkommt, gab Werner seine Wohnung in der Großstadt auf, wohlwissend, dass er eine solch günstige Wohnung in solch schöner Lage wohl niemals wiederbekommen würde. Dann kam alles, wie es seine Freunde vorhergesehen hatten. Neun Monate später hatte Werner die Nase voll vom neuen Job und von der Provinz, bekam die Kündigung und wollte zurück in die Stadt. Nur, dass er dort keine Wohnung mehr hatte und nun auf Arbeitslosengeld angewiesen war.

Auch die Engelszungen, die in diesem Beispiel wie so oft ihr Ziel nicht erreicht haben, stammen aus der Bibel, aus dem 1. Brief, den der Apostel Paulus an die von ihm gegründete Gemeinde schrieb. Im Brief an die Korinther, Kapitel 13, steht über die Liebe:

»Wenn ich mit Menschen- und mit Engelzungen redete und hätte der Liebe nicht, so wäre ich ein tönend Erz oder eine klingende Schelle.« (1.Kor 13,1)

Wenn heute jemand mit Engelszungen redet, dann redet er besonders eindringlich. Dabei sind die Engelszungen immer positiv besetzt. Jemand, der mit Engelszungen auf andere einredet, der versucht, jemanden zu etwas zu bewegen oder von etwas abzuhalten – manchmal erfolgreich, manchmal vergeblich, auf jeden Fall aber meint er es gut. Wie wahr die Engelszungen gesprochen haben, merken die, die ihren Rat in den Wind geschlagen haben, leider oft erst, wenn es zu spät ist.

Es geschehen noch Zeichen und Wunder

Freudestrahlend kam Peter dieser Tage von der Schule nach Hause. Seine Mutter wunderte sich, hatte sie doch eigentlich ihren Sohn eher mürrisch dreinblickend erwartet, denn heute sollte es eine Englisch-Arbeit zurückgeben, und Englisch war nun wirklich nicht Peters Stärke – im Gegenteil. Nun ja, dachte die Mutter, wird er die Arbeit wohl doch noch nicht wiederbekommen haben oder sollte vielleicht …?

Peter strahlte immer noch, packte seinen Schulranzen aus und hielt seiner Mutter triumphierend den Grund für seine Freude hin: die Englisch-Arbeit. Und da stand doch tatsächlich eine »Zwei« drunter. Eine »Zwei« nach unzähligen Fünfen, nach ebenso unzähligen wie erfolglosen Nachhilfestunden. Peters Mutter konnte es kaum fassen. *»Es geschehen noch Zeichen und Wunder«*, sagte sie und nahm Peter in den Arm. Von Zeichen und Wundern ist auch in der Bibel häufig die Rede. So zum Beispiel im zweiten Buch Mose, dem Buch Exodus, in dem Gott sein Volk aus Ägypten befreit.

Wörtlich heißt es dort im siebten Kapitel:

»Der Herr sprach zu Mose: Siehe, ich habe dich zu einem Gott gesetzt über Pharao, und Aaron, dein Bruder, soll dein Prophet sein. Du sollst reden alles, was ich dir gebieten werde; aber Aaron, dein Bruder, soll's vor Pharao reden, daß er die Kinder Israel aus seinem Land lasse. Aber ich will Pharaos Herz verhärten, daß ich meiner Zeichen und Wunder viel tue in Ägyptenland.« (2.Mose 7,3)

Und dann folgen sieben Wunder, die als sieben Plagen bekannt sind und die zur Befreiung der Juden aus Ägypten führen. Auch an anderen Stellen geschehen viele Zeichen und Wunder, immer dort, wo Menschen Engel oder Gott erscheinen. Immer wieder erzählt wird auch von den Wundern, die Jesus vollbringt, sei es, dass er über Wasser läuft oder Kranke heilt. Unbestritten ist, dass auch die an Gott glauben können, die diesen biblischen Zeichen und Wundern keinen Glauben schenken mögen und sie als subjektive Schilderungen ihrer Zeit empfinden. Heute sind die Zeichen und Wunder kleiner und unbedeutender als in der Bibel und werden als Begriffe für Überraschungen im Alltag benutzt. Immer allerdings ist diese Überraschung positiv wie bei Peters »2« in Englisch und im Wortsinne *»wunder«*bar. Und wer selber Zeichen und Wunder geschehen lassen will, der hat's nicht besonders schwer. Über ein Frühstück am Sonntagmorgen, im Bett serviert, würden sich bestimmt viele Partner und Partnerinnen sehr *»wundern«!*

In jemandes Fußstapfen treten

Vor rund 250 Jahren wurde in der Getreidegasse 9 in Salzburg fast den ganzen Tag lang musiziert. Die Mutter sang und erfand mit ihren Kindern Nannerl und Wolfgang immer neue Lieder, der Vater, Komponist und Geiger bei Hofe, unterrichtete viele Schüler und seine eigenen Kinder. Besonders der kleine Wolfgang lauschte aufmerksam und spielte die gehörten Lieder heimlich nach. Damit beeindruckte er Papa Leopold, der sich fortan immer mehr dem musikalischen Fortkommen seiner Kinder widmete, mit seiner Familie durch Europa reiste und Nannerl und Wolfgang Konzerte bei Hofe geben ließ.

Sein Ziel wurde schnell erreicht, Sohn Wolfgang trat nicht nur in seine Fußstapfen, sondern überflügelte ihn mit seinem Wirken bei weitem und wurde als Wolfgang Amadeus Mozart weltberühmt.

Die Fußstapfen, in die Wolfgang freiwillig und gerne getreten ist, haben ihren Ursprung in der Bibel, wo sie an mehreren Stellen erwähnt werden. So auch im 1. Brief von Petrus, Kapitel 2, in dem er die getauften Christen davon überzeugen will, dass sie dazu auserkoren sind, am Leidensweg Jesu teilzuhaben:

»Ihr Knechte, seid untertan mit aller Furcht den Herren, nicht allein den gütigen und gelinden, sondern auch den wunderlichen. Denn das ist Gnade, wenn jemand vor Gott um des Gewissens willen das Übel erträgt und leidet das Unrecht. Denn was ist das für ein Ruhm, wenn ihr um Missetat willen geschlagen werdet und das geduldig ertragt? Aber wenn ihr um guter Taten willen leidet und das ertragt, das ist Gnade bei Gott. Denn dazu seid ihr berufen, da auch Christus gelitten hat für euch und euch ein Vorbild gelassen, daß ihr sollt nachfolgen seinen Fußstapfen«. (1.Petr 2,21)

Mit den heutigen elterlichen Fußstapfen ist das so eine Sache. Wenn die Kinder genau das lernen, was ihre Eltern selbst gelernt und auch für ihre Kinder vorgesehen haben, und später ihre Arbeit übernehmen, freiwillig und gerne versteht sich, dann ist das ein Idealfall, über den sich die Eltern freuen dürfen. Doch nicht selten kommt es vor, dass die Kinder mit den Fußstapfen der Eltern so gar nichts am Hut haben. Statt auf ausgelatschten Wegen zu wandeln, möchten sie lieber einen anderen, einen neuen Weg gehen und dort ihre eigenen Fußstapfen hinterlassen – sehr zum Leidwesen vieler Eltern. Doch wer seine Kinder liebt, sollte ihnen diese Chance lassen.

Tohuwabohu

Manchmal ist es zum Verrücktwerden: Kaum hat man seiner zweijährigen Tochter in der Küche mal ganz kurz den Rücken zugekehrt, um dem Briefträger an der Haustür die Post abzunehmen, da hat sie in Windeseile erstaunliche Aktivitäten entwickelt. Legosteine liegen da auf dem Fußboden verteilt, ein Puzzle ist in Arbeit, ein Apfelsaft droht sich über das Spielzeug zu ergießen. Sie selbst düst mit ihrem Rutscheauto in dem Chaos herum, während die größere Tochter schon mal den gesamten Küchentisch, an dem gleich gegessen werden soll, mit Zeitungspapier bedeckt hat, um daran zu tuschen. Auf dem Herd drohen die Kartoffeln überzukochen und dann klingelt natürlich auch noch das Telefon. Kurz gesagt: Es herrscht wieder ein großes Tohuwabohu.

Den geschilderten Zustand kennen alle Eltern kleiner Kinder, aber weniger bekannt ist es, dass auch dieser Spruch *»Es herrscht ein großes Tohuwabohu«* aus der Bibel stammt und schon gleich im zweiten Satz, in der Schöpfungsgeschichte, erwähnt wird. Allerdings findet man das Wort *»Tohuwabohu«* selbst in der deutschen Übersetzung der Bibel nicht, denn es kommt aus dem Hebräischen. Martin Luther übersetzt es mit den Worten *»wüst und leer«*. Über die Erschaffung der Erde heißt es im ersten Buch Mose:

»Am Anfang schuf Gott Himmel und Erde. Und die Erde war wüst und leer, und es war finster auf der Tiefe: und der Geist Gottes schwebte auf dem Wasser. Und Gott sprach: Es werde Licht! Und es ward Licht. Und Gott sah, daß das Licht gut war«, und über die Erschaffung der Menschen steht geschrieben »Und Gott schuf den Menschen ihm zum Bilde, zum Bilde Gottes schuf er ihn; und schuf sie einen Mann und ein Weib« und weiter »Und Gott sah an alles, was er gemacht hatte; und siehe da, es war sehr gut.« (1.Mose, 1,2)

Am Anfang der Schöpfungsgeschichte war also das Chaos, die Erde war wüst und leer, Gott erfüllte sie mit Leben, er schaffte eine Ordnung. Da aber in deutschen Kinderzimmern und Wohnküchen die Schöpfungsgeschichte nicht zur Disposition steht und es nur um so schlichte Dinge wie das Aufräumen geht, sollten wir hier doch mehr Gelassenheit walten lassen, denn auf dieser Welt gibt es nun wirklich schlimmere Dinge als unaufgeräumte Häuser.

Also, liebe Eltern: Einfach darüber hinwegsehen, daran denken, dass das, was wir als unaufgeräumt empfinden, für Kinder durchaus eine eigene Ordnung hat. Und wenn Sie's nun gar nicht mehr aushalten können, die Kleinen ins Bett gegangen sind und Sie mit dem Tohuwabohu haben sitzen lassen, dann gibt's einen guten Trick: Einfach alle Dinge schnell in eine Klappbox räumen, diese in den Abstellraum stellen und schon haben Sie Ihre Ordnung wieder und dann machen Sie sich einen schönen Feierabend, richtig aufräumen können Sie morgen immer noch!

Mit dem Mantel der Nächstenliebe zudecken

Der junge Zeitungsreporter hat eine Information in den völlig falschen Hals bekommen und daraus eine Geschichte gemacht, die zu großer Empörung bei den Betroffenen, in der Leserschaft und in der eigenen Redaktion führt. Die sofortige Richtigstellung und auch die Entschuldigungen und Erklärungen des jungen Mannes halfen nichts.

Ein Teil der Redaktion fordert lauthals den Rausschmiss des jungen Kollegen; von einem enormen Imageschaden für die Zeitung, von Unfähigkeit und journalistischer Inkompetenz ist die Rede, ihm wird empfohlen, doch in Zukunft besser mit der Schaufel statt mit dem Kugelschreiber zu arbeiten. Fast alle rechnen fest damit, dass der Kollege vor die Tür gesetzt wird und auch er selbst sieht angesichts der Angriffe gegen sich und der miesen Stimmung in seiner Redaktion kaum noch eine Chance, seinen Job zu behalten.

Als die öffentlichen Anfeindungen und das innerredaktionelle Mobbing ihren Höhepunkt erreichen, kommt völlig unverhofft Hilfe vom Chef. Der Chefredakteur nimmt den jungen Reporter öffentlich in Schutz, kritisiert die Mitarbeiter, die versuchen, den jungen Kollegen fertig zu machen. *»Fehler,«* sagt der Chef, *»kann jeder machen.«* Und wer behauptet, noch keine gemacht zu haben, der möge sich bei ihm melden.

Langsam kehrt wieder Ruhe ein in der Redaktion – auch wenn hinter vorgehaltener Hand getuschelt wird, der Chef habe wieder einmal alles *»mit dem Mantel der Nächstenliebe zugedeckt«*. Damit meinen die einen, der Chef habe ungerechtfertigterweise eine schlimme Verfehlung durchgehen lassen und vertuscht; die anderen meinen, er habe dem jungen Kollegen zu Recht geholfen, damit sich ein einziger Fehler nicht zur Existenzfrage für ihn entwickelt.

In der Bibel, aus der die Redewendung *»mit dem Mantel der Nächstenliebe zudecken«* stammt, hat diese eine ausschließlich positive Bedeutung. Im ersten Petrusbrief, Kapitel 4, wird auf die Kraft der Liebe hingewiesen:

»Das Ende aller Dinge ist nahe. Seid also besonnen und nüchtern und betet! Vor allem haltet fest an der Liebe zueinander, denn die Liebe deckt viele Sünden zu.« (1.Petr 4,8)

Sünden oder Fehler vergeben, über Schwächen hinwegsehen aus reiner Liebe zu seinen Nächsten, ist also die Botschaft. Dort wird nichts vertuscht, sondern wohlwollend verziehen. So wie es der Chefredakteur angesichts der Verfehlung seines jungen Reporters und der daraus resultierenden Angriffe von allen Seiten gegen ihn getan hat. Damit hat er nichts vertuscht, sondern etwas im positiven Sinne *»mit dem Mantel der Nächstenliebe zugedeckt«*.

Leider ist eine solche Einstellung menschlichen Schwächen und Fehlern gegenüber heute sehr selten geworden. Wäre es anders, ginge es sicher vielen Menschen viel besser. Wer die Verfehlung eines anderen Menschen *»mit dem Mantel dem Nächstenliebe zudeckt«*, ihm also hilft, ist nicht etwa konfliktscheu oder inkonsequent, sondern handelt ganz im Sinne der christlichen Nächstenliebe.

Unter die Räuber fallen oder: Der barmherzige Samariter

Peter Müller, auf der Suche nach einem schönen, gleichwohl aber preisgünstigen Besteck, glaubte an ein Schnäppchen. In seinem Angebot im weltweit größten Internet-Auktionshaus hatte der Verkäufer vollmundig von einem empfohlenen Verkaufspreis von 1599 Euro geschrieben, Peter Müller ersteigerte das Besteck für gerade mal 20 Euro, doch als das Paket bei ihm zu Hause ankommt, ist die Enttäuschung groß.

»Billigramsch aus Fernost«, lautet sein Kommentar und genauso urteilen viele andere, die ebenfalls solche Bestecke beim selben Verkäufer ersteigert haben. *»Da sind wir wohl unter die Räuber gefallen«* mag ein naheliegender Gedanke sein – unter die modernen müsste man allerdings hinzufügen, denn mit der Räuberei, von der die Bibel erzählt, haben diese zweifelhaften Geschäftsmethoden natürlich nichts zu tun. Dort schildert Jesus einen richtigen Raubüberfall. Bei Lukas, Kapitel 10, heißt es:

»Es war ein Mensch, der ging von Jerusalem hinab nach Jericho und fiel unter die Räuber; die zogen ihn aus und schlugen ihn und gingen davon und ließen ihn halbtot liegen. Es begab sich aber von ungefähr, daß ein Priester diesselbe Straße hinabzog; und da er ihn sah, ging er vorüber. Desgleichen auch ein Levit; da er kam zu der Stätte und sah ihn, ging er vorüber. Ein Samariter aber reiste und kam dahin; und da er ihn sah, jammerte ihn sein, ging zu ihm, goß Öl und Wein auf seine Wunden und verband sie ihm und hob ihn auf sein Tier und führte ihn in eine Herberge und pflegte sein. Des andern Tages zog er heraus zwei Silbergroschen und gab sie dem Wirte und sprach zu ihm: Pflege sein und so du was mehr wirst dartun, will ich dir's bezahlen, wenn ich wiederkomme.« (Lk 10, 30a)

Mit dieser Geschichte hat Jesus einem Schriftgelehrten die Nächstenliebe vor Augen geführt. Er sollte gleiches tun wie der Mann in der Geschichte, der ebenfalls in die Sprache Einzug gehalten hat als »*barmherziger Samariter*«. Auch heute noch gibt es zu viele Räuber und zu wenig barmherzige Samariter. Wäre es umgekehrt, sähe die Welt sicher ein bisschen besser aus.

Sein Licht nicht unter den Scheffel stellen

Endlich ist es vollbracht. Deutschland hat seinen Superstar und siehe da: Die, die es unter die letzten zehn Kandidaten geschafft haben, die können sogar singen, die meisten jedenfalls. Schnell vergessen waren die kläglichen Anfänge der hochstilisierten Fernseh-Show, als sich zehntausend junge Leute schon auf der Karriereleiter wähnten, schlecht sangen und sich auch nicht wesentlich besser darstellten. Dafür wurden sie mit Sprüchen wie *»Du hast heute die Titanic ein zweites Mal versenkt«* wieder nach Hause geschickt – vor der Nation bis auf die Knochen blamiert.

Dass sie ihr Licht unter den Scheffel gestellt haben, kann man wahrlich nicht behaupten, das haben wohl eher die getan, die zwar gut singen können, aber bescheiden zu Hause geblieben sind. Die Redensart *»Sein Licht nicht unter den Scheffel stellen«* kommt aus der Bibel.

In der Bergpredigt fordert Jesus dazu auf, die Lehre Gottes zu verbreiten. Bei Matthäus, Kapitel 5, heißt es:

»Ihr seid das Licht der Welt. Es kann die Stadt, die auf einem Berge liegt, nicht verborgen sein. Man zündet auch nicht ein Licht an und setzt es unter einen Scheffel, sondern auf einen Leuchter, so leuchtet es allen, die im Hause sind. So soll euer Licht leuchten vor den Leuten, daß sie eure guten Werke sehen und euren Vater im Himmel preisen.« (Mt 5,15)

Mit dem Scheffel ist ein Holzbehälter gemeint, unter dem das Licht nicht versteckt werden soll. Sich an den heutigen umgangssprachlichen Sinn dieser Redewendung zu halten, ist allerdings nicht ganz einfach, denn wer gibt sich selbst und anderen gegenüber gerne zu, dass er nichts oder nicht allzu viel hat, was er unter den Scheffel stellen könnte!